父母都該學會的聰明嘮叨術

親子專家教父母正確溝通，
讓孩子自動自發不唱反調

崔琛薰．著
——張惠娟．譯

前言
「關鍵一句話，啟動孩子主動學習力」

快要考試的孩子問：「要怎麼念書才能考得好呢？」各位會怎麼回答呢？大部分的父母都會這樣回覆。

「認真念書，盡全力準備就行了。」

那麼認真念書盡全力準備，具體點回答是什麼呢？應該會出現「事先制定計劃、減少玩樂時間，反覆地念教科書與參考書，並且做很多題目」這樣的回答。

我遇過一位煩惱國語、數學、社會、科學快考試的小四生政民，他想要取得好成績，因此向母親詢問念書的方法，卻聽到如同上述的回覆，你覺得政民會怎麼理解自己母親的回答呢？

照著媽媽所說的，為了具體實行這番話，孩子該決定的是什麼？照這樣看來，「認真念書」這種回答對孩子根本沒有任何幫助。叫他事先制定計劃這種回答，請你想一下，為了準備這四門科目得花幾天時間？一天要花多少時間念書？又該怎麼配置準備這四門科目的時間？政民正為了這些問題而感到不知所措。

因此媽媽叫他去念書，他只會翻一翻教科書或參考書，同時漫不經心地東張西望，然後又做了幾道題目，便覺得自己念過書了，最終蓋上書本。看到他這樣，父母親感到很鬱悶，於是介入他的念書過程，替他制定計劃，從旁觀察他的念書狀況，解題後替他打分數，為他講解做錯的題目。但若是反覆用這種方式準備考試，建立計劃跟觀察過程便成了父母的工作，孩子還會認為自己只要念參考書跟解題即可。

讓孩子自動自發思考的「魔法話語」

我想父母們都不希望看到這樣的結果，忙碌地幫孩子建立讀書計劃是行不通的，必須讓孩子發自內心的想要讀書。上述的問題，其實只要說這句話「認真念書，盡全力準備就行了。」就能賦予孩子自信，讓他們較易達成目標。父母要培養的孩子是知道如何面對考試，知道考試需要哪種策略、技術或資料，且為了徹底執行目標，能自行明白何時、怎麼做、要使用哪種方法。

趙善美博士在《培養堅強的孩子吧》此書中提到，自行尋求達成目標的方法，而且懂得實踐的孩子，會聽從父母或老師的話，修正自己的行為，還會正確地評價自己的成果，同時能夠預料到自己的行為會帶給周遭的人事物有什麼影響。

所以父母對孩子說的每一句話都很重要，我努力地想透過這本書傳達給天下父母親，**不要只會叫孩子念參考書解題，而是能夠「養成孩子自行解決問題的能力」之「父母的對話方法」**。

★本書第一章：匯集了父母代表性的孩子念書煩惱問題，還會連同解決方法一併告知，隔壁小孩認真讀書，好像只有我們家的孩子正在玩樂時、覺得我的孩子沒有念書頭腦時，聽到老師指責說「您的孩子落後班上同學很多……」所累積的種種不安，其實也很容易傷到孩子的心，或是削減他的讀書意志，我會協助您不讓這種事情發生。

★本書第二章：正式進入問題診斷的環節，並且確認要用哪種話才能讓孩子讀書，同時讓你知道這些你常說的話語「去念書！」、「不念書要幹麻？」「照我說的去做吧！」、「為了你的將來好。」都會削減念書意志，千萬別說出口。這個章節我會告訴父母們，一定要知道的「說真心話的技術」、「維護孩子自尊心的對話方法」等等。

★本書第三章：第三章裡會依據孩子無時無刻變化的性格、未來志願、特性，針對這些類型的念書問題與相對應的解決方法去介紹，例如孩子不專心時、迷上遊戲時、說要成為明星因此不用念書時、非常討厭英文或數學這類特定科目時……在這樣不同的案例中，教你如何順利的解決問題。

★本書第四章：第四章裡會進入實戰階段，介紹培養「孩子的念書熱忱」之父母的一句話，對於敏感的青春期孩子來說，叫他去念書的父母全是「老人家」，即使講同一句話，只要是爸媽講的，就會覺得厭煩吧？這時請使用我傳授的魔法話語，就能讓孩子自動自發地去念書。

★本書第五章：第五章裡將會公開可直接運用在考試上的「念書技巧」，就算是養成自發性念書習慣的孩子，要是在考試中沒取得理想成績，便會感到挫折以及對讀書失去興趣，為預防這種事情發生，我會教你提高在考場上解題能力的「福爾摩斯式解題法」。

父母的說話方式會改變孩子人生

孩子對父母的話絲毫不批評照單全收後，整理出「世界觀」與「價值觀」，這是因為孩子尚未擁有能夠自行判斷大人說的話之經驗跟資訊，因此我們**對孩子說的話，要比對大人說的話還要更加在意，並且適時挑選出適當的**

話，要隨時謹記「我說的話會左右這孩子的人生」這一點。

從此刻開始對孩子說話時，多花一點心思吧！若此刻孩子只偏差了一些些，從現在開始選擇對的說話方式，就能將孩子導向正確的方向，我相信數年後便會出現難以置信的驚人效果。

為了讓讀者藉由此書獲得上述的結果、解決各位父母的煩惱，我才會寫這本書，一天只要三分鐘就能讓孩子快樂念書，為了激發孩子的學習熱忱，只需要透過「父母一句話的力量」。利用這本書的說話技巧，將能改變孩子與父母人生的那個重要時刻，我會陪在你們身旁，謝謝大家！

作者　崔璨薰

CONTENTS 目錄

PART 4 引導實戰篇，培養孩子讀書熱忱

PART 5 考試實戰篇，立即運用於考試的技巧

PART 1

父母諮詢室，破解困擾你的親子問題

煩惱1

拯救孩子的成績，現在還來得及嗎？

孩子不喜歡念書，相信是許多父母煩惱的問題之一，似乎軟硬兼施也沒用，到底要我們怎麼做？究竟為什麼我們沒辦法讓孩子自動自發念書呢？在正式探討到念書對話方法之前，首先讓我們破解一下念書與努力這方面的錯誤觀念。

無論活到幾歲，都能夠逆轉學習

我曾聽某位母親訴苦，她說自己的孩子已經十一歲了，現在才要開始養成念書習慣會不會太晚？大腦是不是已經定型了？我很常聽到家長這樣問我，我請你試著想想看，新聞裡是不是有些長者，到了六十歲後才開始念書，甚至順利取得了學位，那麼您的孩子現在才十一歲，開始培養念書習慣會太晚嗎？

十一歲孩子沒辦法自動自發、培養良好的念書習慣，並不是他的年紀已經夠大，或是大腦已成型等因素，而是家長們沒有提升孩子的念書意志力。我將大部分家長分成兩派，一種是覺得孩子出生時，腦袋就已決定好會不會念書的「念書頭腦論」；另一種是小學前的學習成敗就已決定一切的「早期決定論」。

「唉，為什麼別人的孩子聽一次就懂了，但我的小孩聽了好幾次聽不懂？」

「我快氣炸了，他到底是像誰，那麼不會念書啊！」

你也常常在孩子背後說著這種話嗎？老實說提倡「念書頭腦論」、「早期決定論」的教育觀念，根本是不負責任。有些父母認為「反正念書頭腦是天生具備的」、「已經到了這年紀等同沒救了」，雖然這樣想可以讓自身的責任變得輕盈無負擔，但是這種逃避責任的態度，對孩子的學習毫無助益。

因為不管到了幾歲，只要下定決心就能讓孩子自動自發念書，就算看起來晚了一步，也要先把「反正現在也辦不到了」這種想法給拋開，因為這個世界上是沒有絕對辦不到的事！**教育孩子最重要的，就是要他們別輕易放棄，父母千萬不能想著「這孩子已經來不及了」而放棄他**，即使孩子看似遲了一點，但其實他正慢慢地跟上其他人的腳步，所以絕對不可以放開孩子的手，只要你耐心的引導他，孩子會用「耀眼的成長」來報答。

教養的影響力，比天生智力更重要

有些人認為，天生的智力是取決於孩子會不會念書的關鍵，甚至有時父母間爭吵，會冒出這句話「你自己連書都念不好，那孩子當然也是這樣。」當父母大聲對罵時，或是爸爸當著孩子面前數落媽媽時，孩子在這樣的氛圍下，有辦法集中精神念書嗎？他們會有想讀書的心情嗎？當然不會，自然而然便對念書產生了負面情緒，並且會漸漸地提不起勁，就這樣展開了惡性循環。

其實人的幾種能力（智力、本性、態度、行動力）都是具有變動性的，所以不管遺傳因子怎麼樣，讓人會念書的多種因素中，天生的智力只佔極小部分。你可以想像一下，某個孩子的家人全都畢業於哈佛大學，另一個孩子的家人則全部都沒有上大學，如果把這兩個孩子對調，從現在起的二十年後，這兩個孩子的未來會變成怎麼樣呢？事實上大家應該都能分辨出來，教養的影響力才是比智力更重要的因素吧？**念書並不是受與生俱來的智力所影響，家庭的影響力才是決定你會不會念書的重要關鍵。**

我曾經看過這樣的例子，有位畢業於首爾大學的媽媽，她的三個兒子也全部都念首爾大學，每個家長都想知道，這位媽媽是用了什麼特殊的教育方法，來教育他的孩子？但沒想到這位媽媽卻說：「我並沒有逼迫兒子念書，反而是採放任的教養方法」。聽到這裡，相信很多人會覺得家長沒有強迫念書，還能考上第一志願，是因為這孩子天生就有顆聰明的腦袋吧！

事實上我認為，不用把這些父母的話全盤接收，因為父母都想讓自己的子女，看起來是最優秀卓越的人才。

「因為我責罵孩子並嚴厲管教，他才能進入首爾大學。」你有見過父母說這句話嗎？我從沒見過這種人。

「就算沒硬逼著他去念書，他也會自動自發認真念書呢！呵呵呵。」

「唉唷～我從沒有勉強他去念書，都是他自己主動念書的啊！」

因為說這樣的話，才能更加突顯自己的子女是優秀人才不是嗎？當你聽了太多這種假惺惺的話，不知不覺也開始責備起自己的孩子了。

「看看他，就算父母沒逼他念書，他卻還是那麼用功讀書，反倒是你在搞什麼啊？」

你絕對不能像這樣責備孩子，孩子聽到這句話，會摧毀他僅有的念書意志，千萬別落入圈套了！

賦予孩子學習動機，就能自動自發

我舉個非常簡單的例子，假設家裡有三個小孩，媽媽或許真的有可能「連一次也沒有」逼他們念書，但若長男考上首爾大學，其他二個孩子就不會感受到念書壓力嗎？就算媽媽是毫無野心的人，怎麼可能不會用既自豪又滿足的視線望向長男呢？老二、老三看著自己的媽媽跟老大的互動，他們會做何感想呢？

假設連老二都考進首爾大學吧！那麼老么能夠感受不到念書壓力嗎？當然不可能，即使沒人叫他們去念書，他們也會覺得念書是必須該做的事吧？就這點來看，你會發現要**讓孩子自發性地去完成某件事情，必須讓他自己認為「這是必須得做的事」，唯有賦予這樣的動機，才會主動去做。**

教育是什麼？要怎麼做才能給孩子賦予動機？每當聽到「我完全不強求孩子做任何事，但他卻非常努力地把事情做好」這種話，其實可以想想「放任不管」的定義是什麼？或許家長表面上看起來是放任不管，但其實總是有意無意的讓孩子認為，必須要去做這件事才行。因此當你下次又聽到這句話的時候，請不要因為這樣而覺得自己的孩子不如人，我想無論是哪種優等生的父母，都不會有人對孩子的學習放任不管。

被稱為「日本教育之神」的村上綾一，他認為要讓孩子自動自發地念書，必須使用正確的方法，就是要賦予他充分的自尊心，而**父母平常對孩子所說的「一句話」，便有可能是讓孩子有自信的起點**。希望讓這本書伴隨各位家長，學會利用對話來增進親子關係，建立與孩子的信賴、培養孩子的念書意志。

Point

父母的教養魔法

孩子的學習能力並非取決於天生的基因，培養孩子的學習力永不嫌晚，只要憑著父母的一句話，就能讓他自動自發，開心地念書學習。

煩惱2 「該怎麼做，才能和孩子拉近距離？」

試著回想孩子剛出生的那一刻，他帶給你的感動吧！孩子剛出生的那瞬間，你還記得嗎？媽媽藉由分娩的苦痛，才能感受到子女的誕生，爸爸則是在一旁焦急地等待孩子出生，看著他弱小的身軀，一邊感受生命的奧妙，一邊感動說著「我們的孩子出生了」。

對幼小的孩子而言，他們需要絕對性的保護，父母也會自然而然地對孩子賦予關愛、用溫暖的對話愛護他們，然而隨著孩子的年紀不斷增長，突然在某一刻跟父母的關係開始產生裂痕。當孩子到了就學年齡要念書時，爸媽總是皺著眉頭說：「去念書！」就是從說出這句話開始，和孩子的距離也越來越遠了。

不要用「嘮叨」，表達你對他的關心

成為父母後，站在父母的立場來看，念書是易於達到成功的途徑，因此總是不自覺地強迫孩子去念書，且因為已經在社會上打滾多年，接觸了各種事情之後，便會覺得在這個社會上，學歷高就比較不會被他人無視，能夠在社會上生存下來吧？

撇開孩子懂不懂父母的這番苦心，但一直無止盡的碎念，只會被視為嘮叨，這多遺憾啊！

「不要再滑手機了。」

「別老是跟朋友出去。」

「不要再玩遊戲了，快去睡覺！」

這些話孩子聽起來，就只是一味地碎念，反覆地說「不要做」的父母，只會成為孩子想逃避的對象。盲目地對孩子說「去念書」，是非常不適切的做法，與其碎念他這些話，倒不如賦予學習的動機還來得重要，賦予動機後孩子便能自行找到讀書的理由，還會乖乖地坐在書桌前。

但是在找尋適當的動機方法前，有必要先確認與親子間的「緊張關係」在哪種程度，這樣才能準確地掌握到問題的嚴重性，並且用積極的態度想出解決親子問題的方法。

親子關係診斷測驗

底下的測驗是由首爾三星醫院，社會精神健康研究所的申政根教授，所製作的親子診斷問卷。若各題中的選項是「總是這樣」為五分，「普通」是三分，「不是這樣」是一分。要是難以回答題目是屬於哪個選項，可以圈選三分的中間選項。

底下的測驗請由父母來作答，按照平時自己的想法圈選以下答案，然後再加總各題的分數。

測驗完成的話，記得趕快看看結果是什麼呢？若是想跟孩子消除衝突破冰和好，並且讓孩子有所改變的話，就必須藉由發自內心深處的溝通方式說服他們，而其中之一便是誘發「想做的動機」，為什麼要孩子念書？孩子本身的想法又是什麼？你必須試著想想看，才能自然而然地溝通，並且讓他們理解你的用心良苦。

親子關係診斷測驗 測驗請由父母作答

	←不是這樣				總是這樣→
1.我覺得好孤單沒朋友。	1	2	3	4	5
2.我認為在孩子眼中我是差勁的父母。	1	2	3	4	5
3.孩子經常惹我生氣。	1	2	3	4	5
4.孩子討厭我，並且想逃離我身邊。	1	2	3	4	5
5.很久沒有看見孩子的笑容了。	1	2	3	4	5
6.雖然我想跟孩子親近並溫柔地對待他們，但實際上卻做不到。	1	2	3	4	5
7.就算我為了孩子做了某件事，但孩子似乎不覺得要感謝我。	1	2	3	4	5
8.我覺得教導孩子規律性的就寢習慣、用餐習慣很辛苦。	1	2	3	4	5
9.孩子早上都爬不起來，還會擺臭臉。	1	2	3	4	5

★結果

- **21分以下：**親子間沒有太大的問題。
- **22～31分：**親子間稍微有些問題。
- **32分以上：**親子間的問題非常嚴重，需要借助專家力量改變。

四種「溝通法則」，與孩子累積信任感

該怎麼跟孩子溝通？現在的爸媽們實在太過忙碌，很少挪出時間跟孩子聊天，一有時間反而是用嘮叨或責備跟孩子對話，這樣久而久之，孩子便會逐漸拉開跟你的距離。

父母每天忙於工作，晚上下班後跟孩子相處的機會也不多，常常聚在一起也不知道聊什麼，最後就這樣看完電視，各自上床睡覺。甚至父母一開口就是「快去念書」，這是很多現代父母與孩子相處的生活寫照。在這種環境下長大的孩子，會認為爸媽只是關心自己的課業成績，而不是關心我，因此和父母之間越來越疏離。要改善這樣的狀況，父母可以參考以下四種溝通法則。

❶ 釋放善意主動靠近孩子

要開啟溝通之門，父母必須先靠近孩子，例如「你難受或是想跟爸媽講話時，爸媽正在忙所以沒有聽清楚，你能理解我吧？」試著說上述的話。此時男

孩子跟女孩子可能會有稍微不一樣的回應，而且還會有孩子心態上的差異，例如當父母主動靠近孩子，時常跟他們接觸時，有些孩子甚至會感到厭煩，想要獨自待在房裡，或是跟朋友在一起，可能會發生這種不想跟父母在一起的狀況。

特別是青春期的男同學，這種反應是非常嚴重的，但也沒必要認為主動靠近孩子是錯誤的方法，這是出於孩子成長期，極為理所當然的現象之一。這種情況下，建議說些能減輕孩子負擔的話，就能輕易地接近他們拉近關係。舉以下對話來看：

「兒子，你不想去補習班嗎？晚上去補習班上課很累吧？那我去找早點下課的其他補習班如何？」

不是回答說可以不用去補習班，而是試圖向他提議去其他補習班，這樣表面上像是尊重孩子的意思，但最終該做的事還是要去做。孩子會認為比起給予負擔的人，更想要與替他減輕負擔的人拉近距離，這樣的對話是有助於親子關係的。

★狀況：你叫孩子不要再玩電腦了，但孩子不聽話。

NG對話：「跟你講多少次了？你為什麼都不聽？我講的很累！」

⬅

OK對話：「我都講了好幾遍，你連聽都不聽，我覺得自己被你無視了，所以我的心好痛很難受。」

⬅

❷和孩子多說話

就算是無話可聊，也要下意識地走向孩子，即便是一句話，也要用心努力地跟孩子多多交談。當然一開始應該會很生疏，難以打開話匣子，還會感到很疲倦，但是唯有打動孩子的心、累積彼此的信任感，才能拉近與孩子間的距離。

❸經常表達感謝之意

請隨時把「謝謝」掛在嘴上吧！不要因為你是長輩而有高高在上的感覺，不要吝嗇表達感謝之意。有些家庭裡只會互相指責，請立刻停止責罵，時常說出「謝謝」這句話吧！

「實在很感謝你來到我身邊。」

「女兒，今天謝謝你幫忙做家事，妳不知道我有多感激。」

對於彼此的存在，開始傳達感謝心意時，鬧僵的關係便會開始有改善，即使一開始會不順利很彆扭，但還是要時常努力去做，這樣就能讓阻塞很久的親子關係，開啟一道光明之路。

❹坦率地說出心裡的話

父母得坦白說出自己的內心話，能夠分享內心話的關係才是親密關係，不管是爸或媽總不可能一直都很堅強，有時也會有吃力的時候、厭倦的時候，在那當下向孩子老老實實地吐露自己的情緒吧！不要覺得不好意思，就像是與朋友對話一般，和孩子聊聊內心話吧！

六句NG對話，千萬別對孩子說

費盡心思跟孩子累積信任，開啟了溝通之門，卻有可能在某一刻瓦解了這份信賴。尤其是父母們常常無心脫口而出的一句話，就有可能造成孩子心靈深處的傷害，將好不容易建立起來的信賴感給摧殘了。

NG1 跟你說話真的很累

孩子有時不聽話鬧脾氣時，父母會不自覺地說出這句話吧？但是茫然地說出「你都聽不懂！我很累」、「跟你說話真的很累」用這些話回答孩子其實是反效果。當孩子不聽話時，只說「我很累」是不行的，建議把孩子的行為對你造成什麼樣的影響，具體告知他，就不會發生帶給彼此傷害的事，還能讓他明白你此刻的心情。

NG 2 不行、不要做

否定與禁止詞彙會讓孩子喘不過氣，孩子總是懷抱著對世界的好奇心，想要挑戰全新事物，卻總是被你用「不行」、「不要做」這樣的詞彙給禁止的話，他會認為「反正你又會阻止我不讓我做」，所以每件事就會因為這種想法而退卻，最終選擇放棄。

但是根據情況不同，有時為了糾正孩子危險或錯誤的行為，得使用禁止詞語，這種時候最好向孩子具體說明且連同理由一併告知他。在一定得使用禁止詞語的狀況下，請勿發火生氣，低聲地注視孩子，說出「不行」、「不要做」這句話吧！

NG 3 我要修理你、我警告過你了

聽到這句話，孩子會有兩種感覺，一種是父母說不定真的會修理自己的恐懼感，另一種則是就像警告那樣，會不會修理我，「得視情況而定」的某種叛逆心與好奇心。

教導孩子的時候，**與其說些警告的話，倒不如冷靜地向孩子說明，你現在的行為會帶給我們什麼樣不好的影響，這樣做會更加有效果。**

NG 4 快點做、還不快去做

要是有人沒頭沒腦地，就命令你做某件事，試問你會有什麼感覺？如同大人會反抗，孩子也會對於別人命令的事做反抗。比起用命令句，不如具體又溫和地告知他該做的事，這才是最重要的。

假設孩子不想坐在書桌前念書，一直拖拖拉拉，一般來說，父母會用催促的口氣對孩子說話，但這對拉近親子關係並無幫助。建議將那種催促的問法，換成「你要幾點開始念書？」「什麼時候想念書？」用諸如此類的話，孩子便會自行決定期限付諸行動。

★狀況：對不想坐在書桌前念書，一直拖拖拉拉的孩子。

NG對話：「還不快去念書！」

OK對話：「你要幾點開始念書、什麼時候想念書？」

NG5 之後再說啦、等一下

父母說這種話的時候，孩子會感覺到是想回避自己的要求或拒答問題，建議你在回答時，能充分說明自己的狀況，並且告訴孩子沒辦法立刻聽從請求的具體理由。例如孩子說多給一些零用錢，生活費不夠用，比起父母回答「之後再說」、「下個月再說」，這種含糊籠統的話，倒不如向孩子簡略說明家庭的經濟狀況來得更有效果。這樣不僅可培養孩子的金錢觀，還能讓孩子知道為什麼父母不聽從他的請求，所以用這種方式說明會比較好。

★狀況：孩子希望多給一些零用錢，因為生活費不夠用。

NG對話：「之後再說、下個月再說。」

OK對話：「這個月繳了房租、補習費、學費，我這邊也沒有多的錢了。」

NG❻ 你為什麼比其他孩子還差？

父母無意識中最常說出的話其中之一，正是「跟他人比較的話」，要是跟朋友或兄弟姐妹比較，孩子會有「我不夠認真努力」的想法而感到挫折，甚至會有讓父母失望的自責感。**若真想拿孩子來比較的話，不要跟朋友或兄弟姐妹比，而是跟「過去的自己」比，會是更明智的選擇**。例如：

「你比一個月前做得更好呢！」

「你比上禮拜做得還差，我覺得有點可惜。」

總結以上的六種NG對話，你會發現對話時若是用否定、負面的方式，會讓孩子對父母失去信任，還會感受到挫折。因此我們**在與孩子對話時，建議用「肯定」的話來取代否定話語**，例如「我相信你」、「你會做得好」，這樣不僅能鼓勵孩子也能激發孩子的主動力及讀書意志。只要照著上述所說的去實行，就算父母想說什麼話，原本閉耳不聞轉身離去的孩子，不知不覺間也會傾聽父母的話。

Point

父母的教養魔法

★跟孩子累積信賴的「溝通法則」

1.釋放善意主動靠近孩子

2.和孩子多說話

3.經常表達感謝之意

4.坦率地說出心裡的話

★不要與孩子說的NG對話

NG1 跟你說話真的很累

NG2 不行、不要做

NG3 我要修理你、我警告過你了

NG4 快點做、還不快去做

NG5 之後再說啦、等一下

NG6 你為什麼比其他孩子還差？

煩惱3 老師說孩子不專心，程度很差怎麼辦？

「我讓全班念書念兩個小時，成績卻有天壤之別的差異。」

「那孩子只要稍微讀一下書，就能全部記起來呢！」

「只要教他基本的，他就能自行活用，但是另外的孩子卻辦不到。」

「我教的東西都一樣，為什麼他卻學不會？」

教導孩子這件事絕非是簡單的事，特別像是不只同時教一兩名，而是教很多孩子的學校或補習班，對在那邊工作的老師們而言，時時刻刻都像在戰場上，因為不僅要擔負這樣艱辛的教育工作，同時還要關心每個孩子。

儘管如此，還是會發生以下某幾位老師做出草率判斷的情況，例如同一班的同學，聽了同一位老師教的數學課，你覺得大家都有吸收到相同的東西嗎？即使聽了五個小時的課，果真全班都有認真聽講嗎？

實際上就算老師用相同速度在教課，但根據學生的狀態，有人會覺得教得很快，有人卻覺得教得很慢；會有能夠理解所有課程內容的孩子，相反地也有無法理解部份內容的孩子。聽不懂課的孩子，或許會因為害羞而不敢發問，久而久之便會和其他孩子的學習成果拉出距離。

不要因為別人的一句話，對孩子失去信心

老師雖然站在教育最前線，但是能了解每個孩子們的特性嗎？不同的孩子強項與弱項各是什麼？即使想要配合每位孩子的特性去準備課程，也絕非容易的事，因此只能採用標準化的授課方式教眾多孩子，所以有時會覺得某些孩子跟不上進度，因此向父母表達惋惜之意。

「他的數學太弱了，再這樣下去到了高年級會有很大的問題。」
「比起其他孩子，他的背誦能力很差。」
「其他孩子只要指導一下就能順利跟上進度，而你的孩子卻有很多可惜之處。」

聽到這種話的時候，父母們千萬不要覺得自己的孩子很差，因為老師對他人孩子的評價並不是絕對性的，不要無條件接納這番話。父母應該要比任何人都還常觀察孩子，用自己的基準去評斷且持續相信他，這會比旁人的一句話更重要。

不管是學校老師，還是補習班老師，我的意思不是叫各位無條件忽視老師的話，只是需要用父母對自己孩子的基準作評價，因為最了解自己孩子的人是你而不是其他人，請勿因為別人的一句話輕易被擊垮，就相信孩子擁有這些缺點。

比起任何人，最了解自己孩子的是你

很可惜的是，大部分的學校、補習班裡，老師對孩子的說話模式都是用以下的方式。

「唯有書念得好才能成功出人頭地，還能圓你的夢，所以你也要像前面那位全校第一名的同學一樣，用功念書。」

「怎麼會辦不到呢？你還真是沒毅力呢！」

「孩子的媽媽呀，你的孩子好像不是念書的料。」

若是父母全盤接受了老師的說法，只會替孩子帶來許多負面效果，例如孩子會開始灰心，開始低估對自己的能力、甚至會做反抗（對低估自己的人有反感，這是很正常的事）。接下來父母會更常嘮叨叫孩子去念書，這就是一個惡性的循環。

每當我們聽到老師對孩子做的評價時，往往會全盤接收認為就是那樣，卻忘記最了解孩子的應該是你自己啊！要**用心去觀察孩子，才知道他的優點與缺點各是什麼**，再去評估老師說的話對不對，**缺點也無所謂，適時地加強優點來補足缺點也是個方法**。

簡單來說，對孩子沒有關愛的人，評斷孩子時反而越苛刻，這就是為什麼我們不能隨意把孩子的教育、孩子的評斷交給任何人的原因。能夠對某位孩子做出正確判斷的人，一定是對孩子有著深度的疼愛與關懷的人，但是無論是在學校、補習班，我們的孩子只不過是多數孩子中的其中一位，在這裡教書的老師就算很認真努力，但是用在每位孩子身上的能量也只有數十分之一，沒有辦法真正了解孩子，因此不要因為老師的一句話而感到沮喪，真正了解孩子的必須是你自己。

Point

父母的教養魔法

有關孩子的評價千萬不要輕率地全盤接受，最了解孩子的是父母自己，用心去觀察孩子，才知道他的優點與缺點各是什麼，再去評估老師說的話對不對。缺點也無所謂，適時地加強優點來補足缺點也是個方法。

PART 2

疑難診斷室，父母要學的聰明對話術

診斷1　要怎麼說，才能讓孩子自動自發？

「去念書！」
「想辦法提高考試成績吧！」
「不要跟那種朋友混在一起！」
「不要常看電視。」
「你都變胖了，別吃了。」
「衣服自己拿去洗。」

叫孩子念書、叫他寫作業，每天不斷叮嚀孩子做這做那的，這樣碎念不僅令人煩躁，更是導致親子關係疏離的兇手之一。即使你不想囉唆，但一看到孩子在眼前沒把該做的事做好，嘴裡就會碎碎念個不停。「這都是為了孩子著想才這樣做的」、「要是他不是我的孩子我才不管」、「我的孩子長大生小孩後，他應該能理解我為什麼會那樣做的」。

雖然父母用著上述理由來為自己的嘮叨合理化，但其實將心比心想想，你也不想有人整天對你碎碎念吧？碎念的次數若能減少的話，將有助於提升親子關係，不過說得容易做得難，有時候仍必須適當地管教孩子，提醒他該做的事才行，那麼要怎麼對孩子說才好呢？

七種父母必學的聰明嘮叨術

碎碎念也需要念得聰明，才能糾正孩子的錯誤又不傷親子關係。首先父母必須理解自己的情緒、做好調適心情的準備，在責怪孩子的行為之前，也需先了解孩子的心情，最好是給予共鳴又能改正孩子的行為，底下七種聰明嘮叨術提供給各位父母參考。

❶嘮叨前先調整好自己的情緒

在嘮叨之前，有必要先確認自己的情緒，若是在情緒差的情況下，不自覺地會提高音調，說話時會摻雜煩躁情緒，縱使只說了一句話，卻有可能聽起來是刺耳的碎碎念。這樣的口氣不用說糾正孩子的行為，搞不好還會傷到親子間的感情，甚至與孩子漸行漸遠，因此建議等到回復平穩的情況，再開口說話。

❷相同的嘮叨內容不要一直重覆

孩子最討厭的碎碎念就是以前說過的話一直重複，當然我能理解反覆說著同一句話的心情，因為總是想著只說一遍的話，孩子搞不好會忘記，而且深怕他們聽不懂。因為這些多餘的擔心，而老是囉嗦並不是個明智之舉，對孩子而言，比起說很多遍，倒不如確切地說一遍、果斷地說明，這樣做反而更有成效。

❸嘮叨前先回想你的童年記憶

在教訓孩子之前，試著回想自己還是孩子的時候，父母對自己說過的話或是做過的行動吧！要是你記起來了，你覺得那時你的心情是怎麼樣？父母對你嘮叨時，你會有什麼樣的心情？聽到哪種話會開心、哪種話會討厭？當時的你最常想起什麼？情緒是怎麼樣？靜靜地思索過去的回憶吧！憑藉著這種回憶，試著跟孩子交談，你將會比以往更容易理解他的狀況，以及他當下的心情。

❹不要翻舊帳來嘮叨

孩子犯錯的時候，你們會怎麼處理呢？是不是有時候明明只是小小的過失，你卻翻舊帳把他之前犯的錯全都講出來，然後碎念個沒完沒了。甚至連幾天前、幾個月前犯的錯全都講出口，猶如雪球般越積越多來碎碎念，非得要全部念完才肯罷休。

這時孩子根本不明白，你是為什麼而發那麼大的脾氣？因此建議當孩子做出錯誤行為，當下就立刻糾正，事情結束之後也不要再翻舊帳。

❺明確地說出嘮叨理由與目的

你嘮叨的理由與目的，必須明確的告知孩子，讓他能夠確實知道，若是沒有確切地告訴孩子理由，他不知道你為什麼要碎念他。千萬別預設立場認為他會知道，每次的嘮叨碎念請一定要告訴他，你這麼做的理由，說明理由與目的時必須簡單明瞭，這樣他才會知道自己錯在哪裡，也就不再做出相同的錯誤行為。

❻公眾場合要使用「換位思考」來責備

孩子在百貨公司、大型賣場、人來人往的餐廳裡犯錯的時候，你們會怎麼做呢？大部分的育兒專家認為，要盡量避免在人多的場合罵孩子，否則不僅讓孩子沒面子，更會帶給周遭人困擾。但是我們也有必要教導孩子在公共場合的禮節，因此在不傷到孩子自尊心的情況下，必須採用「換位思考的說話法」。

「你邊吃飯邊跟我說話時，有人在旁邊不停地講話吵鬧，讓我聽不到你說的話，那你的心情會怎麼樣？」

「你坐在捷運上想睡一下，有人在你旁邊講話，害你睡不著你會做何感想？」

在嘮叨孩子的情況下，最重要的是要讓他接納你念他的理由，因此將嘮叨的內容用「換位思考」的方式切入，讓他能設身處地好好的想一想，更有助於他反省自己的行為。

❼嘮叨的內容要簡潔有力

嘮叨的目的在於糾正孩子的錯誤行為，因此內容要簡潔有力，他才會明確地記住。你念個十分鐘、二十分鐘就算久了，孩子一邊聽你的碎念，一邊在心裡想著「這煩人的碎碎念要念到何時啊」，根本沒把你的碎念內容聽進去。

Point

父母的教養魔法

★七種聰明嘮叨術

1.嘮叨前先調整好自己的情緒
2.相同的嘮叨內容不要一直重覆
3.嘮叨前先回想你的童年記憶
4.不要翻舊帳來嘮叨
5.明確地說出嘮叨理由與目的
6.公眾場合要使用「換位思考」來責備
7.嘮叨的內容要簡潔有力

每個孩子都是獨立的個體，若是你想透過碎碎念調整他的想法、行動或判斷，久而久之他便只能配合你的標準，毫無自己的想法、被動地過活下去，因此建議除了必要情況之外，還是要盡量減少嘮叨的頻率。

診斷2 「用言語刺激，就能激發潛力嗎？」

有些父母在和孩子對話時，氣頭上會不自覺地說出一些傷人的話，孩子聽到這種話，他心情會很不好受，怎麼還能體會你是用心良苦？父母得尊重孩子、引導孩子自行調適心態上的變化，這裡提到的「尊重孩子」並不是聽取他的所有要求、讓他表達所有情緒，不管做什麼都放任的意思，**尊重指的是孩子的思考、情感、行為之中，有沒有「認同情緒」，這才是關鍵所在。**

父母不應該對孩子的想法與理論言聽計從，為了正確引導孩子的思考與行為，父母有必要憑藉著自己的基準，適切地約束孩子。但也不要刻意的用「激將法」來刺激孩子，因為依孩子的個性不同，激將法並不適用每個孩子。

三大NG父母類型

類型❶責罵型父母

「你每次都這樣才會考出這種分數啊！」

「你也有錯，錯在你都不努力。」

要是只會用這種方法責備孩子，他會覺得自己的存在是沒價值的，因而心靈受到傷害，父母必須懂得站在孩子立場，用多種層面審視孩子的想法。

類型❷權威型父母

「你只會這樣做嗎？要是這樣別做了！」

「我生氣了，你趕快坐在書桌前。」

父母這樣說話，孩子們更不想乖乖照做，反而更會想反抗。這樣也表示父母不認同孩子的想法，也會讓他們感受到挫折。

類型3 保護型父母

「我全都問過了，聽說這間補習班最棒。」

「這個功課太難了嗎？要不要我跟老師講一下？」

會說這種話的父母，事實上有很多情況是低估孩子的能力，認為孩子的能力比其他孩子更不足，才會過度擔心想保護他吧？在父母過度保護干涉下長大的孩子會失去自信，即便是小問題也會感到不安。

這樣做，拉近與孩子的關係

如果你有前述所提及的NG父母行為，建議參考以下觀念與方式，來與孩子做互動。

❶努力理解孩子的興趣與同儕文化。

❷越是照著父母喜好去評定孩子，孩子越會想遠離父母，所以不要去控制孩子。

❸若孩子的行為不恰當，需努力去理解孩子的情緒及做這個行為的動機。

❹孩子自己做出選擇的話，就要鼓勵他付諸行動。

❺讓孩子能夠參與家中大小事的決定，激勵孩子與父母一同解決家裡問題。

❻孩子總有一天得離開父母獨當一面，為了這天的到來，請理解他總會有與你意見分歧的時候，必須尊重他的想法。

❼孩子與你對話時，請認真地聆聽他說話，請勿在交談時看書、看電視，或是做其他事。

❽必須理解孩子的想法，並且專注在他說的話上。

❾說話時要以慎重及溫和的態度，不要因為是自己的孩子而任意情緒化對待。

❿聽孩子說完想法後，父母要確實地表達建議，並讓孩子主動去做嘗試。

Point

父母的教養魔法

對待孩子若只會求好心切，而口出惡言逼迫，只會傷害孩子的自尊。與其用逼迫的方式，倒不如發自真心理解尊重，孩子才會盡情表現出無窮的潛力。

⓫聊天時要盡量打開心門，這樣孩子才會自然地把父母當成是無論有什麼事都能談論的對象。

⓬切忌辱罵孩子或是覺得他很可笑，就算是純真愚蠢的問題也得尊重他。

⓭努力地讚美孩子吧！

⓮父母與孩子間最重要的溝通就是誠實，絕對不能說謊。

⓯父母聽完孩子的話後，要以孩子可理解的話語表達自己的想法，並正確掌握孩子的反應。

診斷3
「提升主動力的關鍵，取決於自尊心？」

「如果念了書能提高成績，那我會認真念書；但是就算我用功讀書了，分數也沒有提高，所以我不想念書。」

最近跟我見面並找我諮詢的賢碩，認為自己是不會讀書的那種人，於是開始討厭念書，其實這是因為他自尊心較薄弱的關係。「自尊心」在教育學上泛指肯定自我，在字典裡意指「跟能力或條件無關，專屬自己的特別價值之認知，也就是認為自己是有價值的。」

「我就算主動去念書，也念不好。」

「即使努力也辦不到。」

「就算主動去做，也沒一件事能做成。」

我發現每個不喜歡念書的孩子，共同特徵都是自尊心較薄弱，而且對很多事情都有負面情緒。

相反地，擁有高自尊心的孩子，對每件事都充滿自信，在念書方面也是一樣，無論是面對哪種困難問題，也會用永不放棄的堅定意志去解決，因此他們比較能把每件事情做好。

透視你的孩子，自尊心高低測驗表

父母們一定很好奇，如何評斷孩子的自尊心呢？其實這可以透過測驗表格測出來喔！讓孩子照著自己的想法，協助他勾選○、×。做完測驗後，將打圈的部分用分數替換，一個圈為一分，計算出總分時，請查看結果的說明，除了得知結果外，我還會告訴你養成孩子念書好習慣的對話祕訣。

孩子的自尊心測驗

請協助孩子讓他按照平時想法，勾選O或X。

	O	X
1.希望能變成跟現在的自己完全不同的人。	☐	☐
2.害怕在班上同學面前講話。	☐	☐
3.在家常生氣。	☐	☐
4.花很多時間適應新事物。	☐	☐
5.常照著別人提議的方式去做。	☐	☐
6.有時會變得討厭自己。	☐	☐
7.常在學校裡感到慌張。	☐	☐
8.常想著要離家出走。	☐	☐
9.跟別的孩子相比，認為自己長得很醜。	☐	☐
10.我好像沒辦法給別人好印象。	☐	☐
11.別人對我的期望好像太高了。	☐	☐
12.經常想著不要去學校。	☐	☐
13.我是不值得相信的孩子。	☐	☐
14.無論有什麼事都能自己輕易決定。	☐	☐
15.跟朋友很合的來。	☐	☐
16.弟弟妹妹（哥哥、姐姐）們很聽我的話。	☐	☐
17.有想説的話會立刻説出口。	☐	☐
18.相信自己。	☐	☐
19.覺得自己是個有趣的孩子。	☐	☐
20.不管有什麼事，我都不會難受或痛苦。	☐	☐

評測結果

17分以上

自尊心高：會主動念書，還會自己找尋未來的出路。

★提升學習效率的關鍵對話法：

● **使他能跟上前三名的念書方法**

「要不要試著整理今天的上課內容？」

● **讓他培養最棒的念書習慣**

「規劃一下一天中，玩樂時間跟念書時間吧！」

● **協助他讓學習效率極大化**

「製作讀書時間表，照著時間表去實行怎麼樣？」

12～16分

自尊心一般：父母稍微幫忙，就能讓他培養好的讀書習慣。

★提升學習效率的關鍵對話法：

●讓孩子製作時間表

「決定每天的念書目標量，並且實踐吧！」

●使他專注於上課時間

「老實說上課時間並沒那麼長，有些職業選手們都能連續不間斷十小時練習，現在你只要能集中精神五十分鐘，你之後不管做什麼事情都能做的好。」

●替他打造最適合的念書環境

「念書時不需要用到的東西，先放在箱子裡，把它拿到外面吧！」

●一同思考念書的方法

「念書時什麼讓你最痛苦？跟我說看看。」

11分以下

自尊心低：要是完全不管他，他根本就不會去讀書。

★提升學習效率的關鍵對話法：

●**讓他先寫作業**

「當天作業要在當天寫完喔！」

●**訓練他坐在書桌前**

「試著坐在椅子上念書三十分鐘吧？」

●**協助他實行小計劃**

「要寫的題目太多了嗎？那麼先寫少一點五個就好。」

提升自尊心，就能提升自信力

媽媽們總是常用比較的話語刺激孩子，希望透過刺激讓孩子自覺要更努力才行，其實這樣反而讓孩子覺得自己不如人、喪失了自信心。正面的言語可以引發正面思考，讓我們看看這個例子：哈佛大學的金喬瑟芬教授，小學時期有一次考試只得到四十分，但她的媽媽卻對她說：「你答對了四題呢！」用這樣的加油方式來激勵她，因此讓她不討厭讀書，還激發了讀書的意志。

除此之外，曾任哈佛大學校長兼企管學教授的金克拉克教授，她的母親也總是告訴他「你辦得到的」、

Point

父母的教養魔法

持續對孩子說些正面、激勵的話語，就能培養他的自尊心，讓孩子擁有自信。請勿拿孩子與他人做比較，或是過度保護什麼都要幫他做。

「只要再努力，就能做到這個程度」，不斷賦予孩子自信心的同時也提升了自尊心，這樣才能讓孩子主動去學習、探索許多成功的機會。

診斷4 孩子叫不動？不妨將對話注入行動力

「我幹麻要念書？」

「我為什麼要會做這個？」

要是叫不喜歡念書的孩子去念書，你應該會得到以上的回應。一般而言，如果孩子提出這種疑問，父母們便會說「念書的話對〇〇有幫助」，用這種回答方式，然後談到告知孩子必須念書的原因。這樣做基本上是沒問題的，但是許多父母接下來會犯以下這些說話失誤。

「考上好學校，對未來混口飯吃更有利。」——**現實論父母。**

「想要完成夢就必須先把書念好」——**理想論父母。**

「即使是討厭做的事，也要養成忍耐的習慣啊！這世上哪可以隨心所欲只做自己想做的事，培養毅力吧！」——**訓練論父母**。

「不管面對什麼事，都要全力以赴，這樣才能成為優秀人才。」——**人格論父母**。

「念書才能累積知識啊！」——**知識論父母**。

像這樣的說法，你覺得可以說服孩子為什麼要念書嗎？其實這些話在賦予動機層面上，實在是太薄弱了，孩子聽到這些話，只會在心裡覺得大人很煩，心裡嘟噥著「煩死人了，又說這句。」要激發孩子念書的意志，就必須賦予念書的動機。

念書對賺錢、順利就業很有幫助沒錯，但對孩子來說無法感同身受，聽起來只是一些跟自己無關的話。如果上面的說法你都試過了，仍無法打動孩子的心，試著將「只要你去做就能做的好」這種假設性對話，替換成「你不做不行啊！」這種刻不容緩的話，將對話注入行動力，更可以帶給孩子衝擊。

充滿行動力的話語，讓孩子付諸實行

「我相信你會做的好」、「聽說你是念書的料」、「你是聰明的孩子」這種稱讚孩子的話語，很常掛在我們的嘴邊，但若是想要孩子真正自動自發的付諸實行，有時候我們更需要一些具有行動力的話語來幫忙。

NG對話：「只要你去做就能做的好。」

OK對話：「你不做不行啊！」、「非你不可」

上述兩段話，聽到哪種話你會想立刻去行動呢？任何一件事想要成功，除了努力之外，行動力也是非常重要的。除此之外，**賦予行動力後更必須持之以恆，這才是做任何事的成功關鍵**。舉個例子來說，有個叫霍華舒茲的人，他出生於貧窮的家庭，但後來卻把星巴克經營成全球企業！據說他習慣於反覆執行相同事情，並且付諸實行，我想這就是他能成功的最大關鍵。

良好的念書習慣並不是取決於念了很多超難的內容，而是取決於是否可以反覆持續地做同個動作，經常反覆地建立目標，且養成付諸實行的習慣，最終才能達到目標。每天重覆做同一件事，最後即使沒人使喚他，他也會自動去做，這種行為是在無數的反覆與訓練下養成的。

若父母希望孩子能好好用功念書，那就千萬不要反覆嘮叨，而是讓他為了達成自己的目標去付諸行動，並且協助他養成這種好習慣，這樣孩子才能收起玩樂之心。先賦予孩子學習的動機，他才會自動自發去念書，這樣成績便會有所進步。

Point

父母的教養魔法

使用孩子無法感同深受的理由來賦予動機，是無法達到效果的，請用「非你不可、你不做不行呀」這種具有行動力的話語，會讓他更有非做不可的感受。

PART 3

對話實戰篇，針對不同情況的溝通法

狀況1 「面對孩子不同情緒，該說什麼應對？」

「我女兒總是很內向。」

「我兒子整天很好動。」

你應該很常聽到這些話吧？但憑這樣的話，就能判斷孩子的個性嗎？實際上孩子的個性時時刻刻都在改變，例如早上無法專注於一件事、總是心不在焉，到了下午卻有可能呈現出驚人的專注力呢！每個孩子的個性都不相同，父母可以協助他們運用自己的優點與潛能，讓成績自然地提升。

孩子意志消沉、內向不多話➡催促他會有反效果

孩子意志消沉、內向不多話時，你也是說以下這種話來催促或責罵他嗎？雖然這些話聽起來積極又肯定，但這種方式並非總是很管用，尤其是意志消沉、看起來悶悶不樂的時候，更需要安慰他。此時若說些積極又有行動力的話語，反而會有反效果，讓孩子漸漸對念書不感興趣，甚至喪失自信心。

「出點力吧！」

「你會考取好分數的。」

「沒關係，你辦的到。」

「你這麼害羞，能夠順利上台發表嗎？」

孩子看起來消沉、內向害羞時，如果責備他會更容易畏縮，催促他的話也讓他備感壓力，在這種情況下建議這樣說會更有效果。

「在這種情況下，我也會這麼做的。」

「這次考試很難吧？連我都好緊張。」

關鍵就是先用溫柔的話安撫孩子的心情，然後幫他累積一些自信，這樣激勵更有效果。

孩子固執、好動時➡用稱讚來激勵他

好動的孩子很討厭按步就班行動，也對一成不變的生活感到煩悶，因為他不懂得做時間管理，所以較容易吃很多苦，但是一旦碰到感興趣的事情便會認真去做，而且能夠做出成果來。這種孩子多半無法好好整頓事物，在亂七八糟的狀況下感到滿足，某一天心血來潮才會整理周遭事物，他們不太喜歡過一成不變的生活，例如持續長時間的念書等等都會讓他們備感壓力，為了讓他們有喘口氣的機會，父母們需要動動腦筋。

「看到你專心念書的模樣，就覺得快接近成功了。」

「死記的科目用臨時抱佛腳或許有效果，但數學科目這樣的話效果較差，雖說如此但你還是在考試前努力念書，針對這點真的很棒，不過下次可以更早開始準備考試，會更有效果喔！」

面對這樣的孩子，要讓他們知道「努力的過程比結果更重要」，父母不是評價「結果」的好壞，而是在孩子努力的「過程」中，適切地評價這個過程裡，做得好與做不好的部分，這樣孩子的學習熱情才不會被澆熄。

孩子在意他人評價無法專心→責備後要稱讚

有些孩子無法集中精神專心，是因為很容易受他人意見的影響，於是聽到批評言語，就很容易變得消沉。這種類型的孩子，建議責備後要讚美，給他激勵後對學習會更有幫助。

NG對話：「你又在看哪裡了？你怎麼這麼不專心？」

OK對話：「你看這個！這題目怎麼樣？即使有點難，但由你來挑戰解題看看，好像會成功喔？」

在教訓孩子後也要記得讚美他，一定要用稱讚做結尾，制定讀書計劃時也一定要稱讚他，例如「要是有好好履行計劃，我會給你滿滿的獎勵。」這樣講的話，孩子就會更加集中精神在課業上。

孩子好奇心旺盛不專心➡仔細聆聽他的話

好奇心旺盛的孩子，很容易嘰哩呱啦講個不停，因此很難集中精神專心持續做一件事，所以在這種情況下自然而然地會很常聽到父母的嘮叨。若父母無視孩子的好奇心，反而總是以責罵來糾正他，孩子內心便會受到傷害。所以要尊重他的想法、聽孩子的意見，若不這樣做孩子會越來越自卑。

面對這樣的孩子，要讓學習變得更有趣才會有效

Point

父母的教養魔法

每個孩子具備的特質都不一樣，面對不同情緒的孩子要用適合應對的方式，才能活用他們的優點與潛能，並且讓孩子對學習有興趣，成績也會自然地提高。

果，要是規劃一天的念書時間目標為國文一小時、數學一小時，那當國文念三十分鐘、數學念三十分鐘後，就讓他做其他的事，然後國文再念三十分鐘、數學念三十分鐘，用這種分配方式較有效果。

反覆學習不如「預習」來的更有成效，孩子若是討厭反覆念學過的內容，乾脆讓他念之後要學的內容，事先讓他學到全盤性的學習順序，這也是挺不錯的。

狀況2 沉迷遊戲的孩子，該怎麼讓他念書？

「下課後跟朋友去網咖，玩一小時遊戲消除壓力就好。」心裡這樣想著，但坐在電腦前面專注於玩遊戲時，三四個小時咻一下就過去了，玩到很晚才回家，結果根本沒時間念書。」——（11歲A君）

不久前我遇到的A君正深陷遊戲中，他說：「不管是睡覺還是清醒，總是會想玩遊戲。」沉迷遊戲的孩子們在上課時間不做筆記，而是在課本上描繪遊戲地圖、制定戰略，他們深陷遊戲世界，還會經常翹晚自習課或補習班的課，把這些時間跟朋友去網咖，儘管好不容易收起心來坐在書桌前，腦海裡也只想著遊戲。

現在太多孩子都中遊戲的毒了，就算父母在家裡能控管他們，但離開家裡能連上網路的地方實在是多到不行，要阻止孩子玩遊戲真的是非常困難。為什麼孩子會迷上遊戲？**如果你連他們迷上遊戲的原因都不知道，只會一味地叫他不要玩遊戲，這樣是沒辦法讓孩子跳脫遊戲世界的**，以下我利用真實案例，教各位用聰明的對話法，讓孩子脫離遊戲中毒而開始認真念書。

對話技巧1
「念了書才能繼續玩遊戲！」

底下和各位分享一個我跟家長諮詢的真實案例，他的孩子受到父母的激勵後，就自動自發念書。

家長A：「我的孩子不念書只會玩遊戲，但我越是禁止他玩遊戲，他就越生氣並瞞著我到網咖玩，這樣只會一直產生負面效果，所以到後來我同意他玩遊戲，並且利用他想玩遊戲的心情，順利讓他自動自發地念書。」

我：「你是怎麼辦到的？」

家長A：「我叫他去念教育大學。」

我：「啊？這是什麼意思？要考上教育大學要超會念書才行，怎麼會沒頭沒腦地叫一個完全不念書的孩子去念教育大學呢？」

家長A：「我和孩子說，你想要繼續玩遊戲吧！如果這麼喜歡玩遊戲，那麼你去念教育大學，要是你去念教大，以後畢業當老師，五點就能下班，之後就能邊玩遊戲邊賺錢過活。但是你都不念書且找不到工作的話，你每天晚上都得待到十點之後才能下班，你這樣有玩遊戲的時間嗎？你想都別想，如果想要玩遊戲，勢必得考上教大。」聽我這樣說完後，孩子突然開始碰他從不念的書，之後他的成績當然進步很多。

「這是什麼荒謬離譜的故事啊？」不知道會不會有說這種話的人，我並不是要你們按照這個案例去做，而是要你們注意到這個案例裡提到的暗示。**若孩子已經對念書反感，並且深陷其他樂趣的話（例如玩手機遊戲），不要阻止他**

去做，而是利用這個樂趣為前提，讓他知道念書不是妨害他進行這個樂趣，反而是讓他能更充分享受這個樂趣的跳板。

先觀察一下現在孩子愛做什麼事，並且同意他做這件事，之後找尋這件事跟念書的交集點就行了。若孩子沉迷一個樂趣，不要和他硬碰硬爭吵，用這種方式或許會更有效果喔！

對話技巧2
「遊戲跟念書只有一線之隔。」

「我曾經迷上starcraft這款遊戲，在學校或圖書館覺得好煩悶的時候，這時去網咖玩這個遊戲，打敗敵手且受到其他人崇拜時，就覺得很開心。」——（高麗大師範大學B君）

曾經愛玩遊戲的B君，是怎麼考上高麗大？他說：「因為我討厭失敗。」

平時B君是個好勝心強的人，因此也曾為了在遊戲中贏過朋友而深陷遊戲，因而荒廢了課業。有些孩子只要跟他提到念書，他就會皺眉頭，但其實遊戲跟念書有著非常相似的共通點，例如相互競爭且取得成就這點是一模一樣的，所以父母只要用對方法，好好開導沉迷遊戲的孩子，就能讓他在課業上也能發揮無限潛能，利用以下的對話方式跟孩子說話吧！

❶遊戲具有「等級上升」功能，念書也是如此

在遊戲中打敗對手或是收集道具，專注在這些東西時，等級就會一步一步地向上爬，當等級不斷提升，孩子就會獲得巨大成就感，感受到勝利滋味，會覺得自己真的變成厲害的人。因此父母必須要告訴孩子，在遊戲中取得的勝利感與失敗感的刺激，其實在課業上也能感受的到，只要能做好這層心理建設，父母再也不用為孩子的念書問題而操心不已。

❷念書也像遊戲那樣，付出多少就能回收多少

遊戲中毒的孩子們常會這樣認為：「書再怎麼認真念，也不會反應在成績

上，但是遊戲從沒背叛過我。」

不過這種想法可是大錯特錯，念書也跟其他領域一樣，會用非常嚴格的基準要求學習者，如同玩遊戲時，累積到足夠的經驗值才能順利升級，念書也需要累積足夠坐在椅子上認真努力的時間，才能產生結果（順利升級）。

因此父母可以告訴孩子「念書也像遊戲那樣，付出多少就能回收多少」，事實上念書會帶給你超乎玩遊戲的成就，原因在於網路世界跟現實世界裡能夠享受到的東西是大相徑庭。

❸遊戲或念書只要熟悉要領，不管是誰都能做的好

玩遊戲就算不是天才也能玩得厲害，那是因為玩的次數越多，掌握住「訣竅」的關係。念書也是這樣，遊戲或念書只要熟悉訣竅，不管是誰都能做的好，不要認為是因為孩子很笨才不會念書，會不會念書的關鍵，應該是取決於有沒有抓到訣竅。

❹遊戲也像念書一樣，持續玩下去會厭煩

找我諮詢的絕大多數學生都說：「再怎麼玩遊戲都不會膩，可是念書很快就膩了。」真是如此嗎？《停止時，才能看到的事物》這本書中說，「現在請擺出你感覺最舒服的姿勢，並維持三十分鐘不要動，那麼最舒服的姿勢便會變成最不舒服的姿勢。」

無論是遊戲還是念書，持續長久時間終究會厭倦的，這兩者都需要適度的步調調節，不過父母若總是不讓孩子玩遊戲，反而會讓他覺得遊戲很有趣，造成反效果。

那麼該繼續讓他玩遊戲而不管他嗎？不是這樣的，不是要各位對小孩說「不要玩遊戲」，而是要試著讓孩子心中的遊戲變得不值得玩。不管是哪種娛樂休閒活動，只要持續做下去，總有一天會玩膩，而且變的很空虛，屆時相對地會感覺到它沒什麼價值可言。

要讓沉迷遊戲的孩子感受到厭煩，就要讓他自己體會到沉迷遊戲是沒價值的事情，若只是一味地叫他不要玩，只會讓他更感興趣而已。

對話技巧3
「不要投資在遊戲身上，投資自己才穩賺不賠。」

底下這段話，我最想告訴沉迷遊戲的孩子們，這也是高麗大B君對我說的話，請父母轉達給孩子們聽。

「玩遊戲贏過對方時心情超好的，但是最終會留下沒讀書的不安感，不安感變成壓力纏繞在我身上。每次念書期間雖然覺得累且煩躁，但是念了幾小時的書、記了很多東西，反倒會覺得心情舒暢。我覺得念書是短時間的壓力加上長時間的舒暢，而遊戲是短時間的痛快加上長時間的不安，領悟到這點後，我會選擇多花點時間念書。」

玩遊戲的當下，孩子們也會感覺到心中有股莫名的不安感，我想告訴他們：「不要投資時間在遊戲世界中的角色上，把時間投資在自己身上吧！」只要撐過幾小時念書，不安感就會消失，還能輕鬆自在，這些都會成為現實人生的最大幫助。」──（高麗大師範大學B君）

Point

父母的教養魔法

萬一孩子沉迷於遊戲，請參考以下方式來引導。

1.要讓孩子念了書，才能繼續玩遊戲！

2.必須了解遊戲跟念書只在於一線之隔。

3.告訴孩子不要把時間投資在遊戲上，投資在自己身上，才會穩賺不賠。

狀況3 「我以後要當明星，不需要讀書吧？」

近來孩子們秉持自己的論調，理直氣壯地拒絕念書，讓父母感到不知所措，我相信各位應該有這種經驗。

「反正我要當明星，我幹麻要念書？」

「我要成為職業玩家，所以我要把念書時間拿來玩遊戲。」

「比起念書，運動更適合我，我要從事運動工作。」

「就算念了書上了大學，也對就業沒有幫助，何必多此一舉呢！」

若父母苦口婆心地繼續對孩子說明念書的必要性也是白費唇舌，因為孩子們會認為父母自認自己很懂，其實根本不了解我。所以在回答孩子前，不要把念書當成話題來起頭，建議從「孩子」身上開始講起，孩子感興趣的事、在意的事先予以尊重，之後再視情況把念書插入話題中。

實際上，念書並不像我們想的那樣，是那麼偉大崇高的東西，念書只不過是一個工具，孩子們比多數大人還懂這個事實，更加準確地看穿這一切。

找出孩子不念書的原因，才能想方法應對

「我的意思不是你一定要念書，我真的很好奇才會問你，你怎樣都不肯讀書的原因是什麼？」

孩子怎麼樣也不肯念書的話，不如開門見山的問他原因吧！對拒絕念書的孩子來說，我們得注意他做這種行為的原因，通常孩子的回答都是底下的內容。

「就算不念書，隨便找份工作賺錢也能過活呀！」——近年來找工作真的

不容易，因此這是很天真的想法，但因為他是小孩，所以有可能這樣想。

「就算不念書，我擅長其他項目，一定能取得成功！幹麻只會拿念書教訓我？」——當然他這樣講也沒錯，不過他說的擅長的東西是什麼？這應該是現今多數家長跟小孩吵架的主題。

仔細想想這些話的背後意義，可以解釋成底下這兩句話。

● 撇開念書不說的話，我也具備其他能力能生存下去。

● 不需要會念書，我就算找其他工作也能糊口。

實際上，絕大部分不念書的孩子，他都是把上述理論放到他的思考模式裡，這也是導致他不想讀書的主因，因此現在我們就以這兩種思考模式，套用到能說服孩子念書的對話法。

找出興趣與念書的關聯，就能引發動機

媽媽：「你的未來志願是什麼？」

孩子：「歌手。」

媽媽：「當歌手的話，要花很多時間練習跳舞唱歌呢！」

孩子：「我每天都很認真練習。」

媽媽：「可是當歌手，一整天都是跳舞跟唱歌嗎？歌手持續唱二十四小時的歌，就能成為優秀歌手嗎？我打個比方好了，足球選手沒必要會打籃球吧？不過足球選手只會踢好自己的球，就能變成卓越的足球選手嗎？話可不是這麼說的，首先必須得了解人的心理，這樣才能跟對手玩心理戰。此外，還要具備體育學、筋肉骨骼相關的知識吧？這樣才能保護好自己的身體，縱使行程緊湊也能維持最佳狀態，還能預防受傷。」

「你想當的歌手也是一樣的，就算每天只練唱十小時，也不見得能成為優秀的歌手，你甚至必須會寫歌詞，但想寫出令人感動的歌詞，對於人的心理

與社會現況也必須很清楚才行，連一本書都不讀，能夠寫出感動人心的歌詞嗎？你現在覺得念書占據你練習跳舞跟唱歌的時間，但並非是如此，**所謂專家，並非是只會做自己的份內之事就行，必須懂得將所有事物融會貫通於自己想做的工作領域，這才稱的上是專家。**所以念書絕對不會阻礙到你想從事的音樂工作，反而對你有幫助。」

上述的字裡行間將孩子的興趣與念書做了結合，告訴孩子他想做的所有事情，都跟念書有關係，這裡**必須強調「念書會成為你的小幫手」，這樣才能引發孩子的動機，**唯有這樣才讓孩子心甘情願去念書。

Point

父母的教養魔法

孩子認為未來的志願與念書無關，請參考以下方式來引導。

1.聆聽孩子的未來志願。

2.為孩子說明就算把感興趣的事做好，還是無法成為那領域的專家。

3.舉個具體事例，告知孩子念書對未來志願有助益。

試著將以下這兩個公式套入話題裡，它將會比你直接叫孩子「去念書」更有效果！

❶「在實現你夢想的路上，念書對XXX這方面有助益。」

❷「為了讓你以後有更多時間做XXXX，現在念書將會有助於未來的你。」

狀況4 討厭英文與數學，該放棄它嗎？

我小時候念過外語高中，那時發現同學有不少從小就生活在講英文的國家，而我學英文時，「聽力」對我非常困難，那些同學總是不費吹灰之力就能拿滿分，因為他們從小就一直用英文，用了那麼長的時間，所以考滿分是理所當然的啊！坦白說我每次看到他們，都感到非常挫折。

還有另一個問題便是「發音」，在外國長大的孩子們，他們的發音跟音調當然是與眾不同，在我看來，他們似乎比電影裡的美國人還要更刻意地發音。有次在上課時間，我用粗俗的發音朗讀英文教科書時，甚至有同學噗哧笑出來，讓我對英文感到更加反感，或許是因為自卑感的關係，導致我越來越討厭英文。現實中大部分的孩子，或許都有經歷過這種過程，才會對特定科目產生反感。

孩子放棄特定科目時，要想辦法救回它

討厭念特定科目的話，成績自然會變差，要是長時間維持這種狀態，最後會演變成孩子放棄特定科目。首先我們要先確認，孩子放棄的科目是哪種科目，雖然不能放棄任何科目，但如果放棄的學科是像國文、數學、英文那樣的主修科目，問題會變得嚴重，由於主修科目成績占在校成績的比重大，若放棄主修科目的其中一科，別說是在校成績與大學考試結果會不好，就連志願選擇的範圍也會縮減。除此之外，孩子放棄一個科目，會不會連同也放棄其他科目，都是必須要考慮的問題，因此無論是哪一個科目，絕不能容許孩子放棄。

不過「放棄」也分很多階段，有的孩子公開表示「放棄宣言」，完全不碰特定科目，這樣極端性的放棄方式非常難以應對，因此在孩子表示有一些科

目不喜歡的時候，我們就必須快點採取因應措施。「至少得讓他念基本的東西」、「儘可能讓他別完全放棄」，父母要有這種心態，**討厭的科目也要能維持在基本的水平**，建議可以參考以下的方式應對。

❶ 為什麼你討厭這門科目？

不管是什麼病，準確地掌握到原因或理由，便能提高治癒的可能性，怎麼會放棄特定科目？放棄的決定性契機是什麼？這樣放棄妥當嗎？試著問孩子上述問題。

這樣做孩子就會自行思考，自己討厭這門科目的理由，給他思考時間比較好，孩子透過這樣的時間，會歷經自我檢測過程，還會反省以及調適情緒。若討厭這門科目的原因是「老師」，在這種情況下，藉由網路課程或補習班課程，讓他上其他老師的課也是有用的方法。

❷只要念基本的就可以了！

孩子放棄特定科目的原因之一，多半是因為對成績有著沉重負擔，所以比起要求孩子得更加認真念這門科目，倒不如拋開得念好這門學科的心態，「只要念基本的就好」協助他抱持這種心態，讓他毫無負擔地只要考取「中間（平均值）」成績就行了！

這樣做多少能減緩他對特定科目的抗拒、迴避態度，選擇該科目最基本的教材或是再次複習以前的學校教科書，同時恢復對逃避學科的自信心，這也是不錯的辦法。

❸只要專心聽課二十分鐘就好！

孩子放棄特定科目時，最先看到的行為便是在那門科目的上課時間做「其他事情」，例如睡覺或是打瞌睡，這種情況下，與其逼迫孩子，不如讓他養成專心聽課十分鐘、二十分鐘的心態。

「只要專心聽課二十分鐘，好不好？」這樣提議後，要是孩子乖乖照做，請給他適當獎勵，這麼一來，孩子的專注力會越來越集中，不想聽課、抗拒的態度會漸漸消失，即使有不懂的部分，也要鼓勵孩子讓他維持聽課聽到最後的上課態度。

❹ 若其他科目很強，弱勢科目念到基本程度就好

請觀察一下孩子周邊的朋友，舉例來說，孩子覺得「數學」很難，但是他對「科學」卻很有興趣，相反地，孩子的朋友擅長「數學」，卻對「科學」沒信心，一般而言媽媽在這種情況下，都會拿孩子跟他周邊朋友作比較「你若能跟他一樣的成績該有多好」。無論是哪種情況，**拿孩子跟朋友比較的話，只會加深孩子的自卑感，反倒會讓他對該科目更加討厭**，因此要讓他讀弱勢的科目，重點在於必須要給予孩子強勢學科的認同感，讓他跳脫跟他人作比較的心理負擔。

「反正人都不一樣，大家沒必要都會同一門科目，你跟哲秀不同，你的國

文很強啊！不用跟他一樣連數學都會，不過思考一下看有沒有方法能夠縮減分數差距吧！」

「雖然哲秀數學比你強，事實上他只是比你快學會解題的要領而已，絕不是因為你的能力比哲秀不足，數學只是差在些許的邏輯思考方式，你不用太失望，向哲秀請教一下解題要領吧！」

NG對話：「這門科目你不拿手」——若讓孩子認同這句話，只會讓他對該學科更加反感。

⬅

OK對話：「老實說你只是欠缺些許的要領，不過你其他科目更強，所以較弱的科目不需有太大負擔，只念基本的，再慢慢跟上其他人的腳步就行了！」——用這種方式對話，才能提高他對討厭學科的關注度。

❺ 我們一起看這本書的目錄吧！

孩子在心理上對某科目感到抗拒，甚至不會想打開該科書本的目錄，搞不好那門科目的書就像新書那樣乾淨，或者是根本沒買教科書，因為我也曾經這樣過所以非常了解。現在這一刻，確認一下孩子的教科書跟教材，萬一他沒有該科目的教科書或基本教材，跟孩子一起去書店挑選書本，讓他準備齊全。

準備好教科書跟基本教材後，跟孩子一起把書放在桌上，一同坐在書桌前，然後對他說以下這句話。

「跟我一起看這本書的目錄吧！」

接下來尋找他感興趣的部分，並且大致瀏覽一下，用這種帶領孩子的方式一起閱讀，或許能減輕他對該科目的反感，並試著做相關的題目。

❻ 我們一起看這部電影吧！

孩子討厭的科目會連碰都不想碰，但是若讓孩子接觸跟其有關的電影或書本，相信能讓他再次感興趣的，例如若是他厭惡數學，找尋有關數學家的電影或書籍，一同觀看或閱讀吧！電影或書本內容中也許會有難以認同的部分，但是也會有樂於接受的部分，藉由這種方式，孩子會對放棄科目稍微感興趣，也會增加些許念書動機。

Point

父母的教養魔法

對想要「放棄」特定科目的孩子這樣說：

1.「為什麼你討厭這門科目？」
2.「只要念基本的就可以了！」
3.「只要專心聽課二十分鐘就好！」
4.「你其他科目很強不用太擔心，弱勢科目念基本的就好。」
5.「我們一起看這本書的目錄吧！」
6.「我們一起看這部電影吧！」

狀況5 「以前成績很好，怎麼現在成績滿江紅？」

敏熙同學的母親向我詢問，她的女兒在小學時期的成績都很優秀，是個乖孩子，自從進入國中後，成績開始一落千丈，是不是因為交到壞朋友的關係？

「敏熙現在才國二，昨天也沒去學校無端缺席，學校愛去不去的，別提滿江紅的成績了，她似乎是跟不良學生混在一起。念小學時功課還不錯，而且還是超聽話的模範生，實在搞不懂為什麼她會突然變成這樣？」

事實上敏熙並不是「突然」變成這樣子的，或許從小時候開始，歷經長久強迫式教育下，最終進入國中發洩她的壓力吧？沒能察覺到孩子變化的母親，此時一直對她嘮叨，反而更會讓孩子誤入歧途。

依孩子的學習熱忱，說出適合的話語

「學校作業寫了嗎？」

「早上連一題數學題目都沒做，你到底在幹麻？」

「你平日一直玩就算了，週六還要出去跟朋友見面嗎？」

你很常隨口嘮叨這些吧？這些話會讓孩子意志消沉，嚴重的話還會讓他做出說謊等行為來應對你，導致種種惡性循環，更別說主動念書了，這樣做反而會讓他想逃離這個家裡。父母在提高孩子的學習熱情之前，觀察一下現在孩子的學習熱忱吧！以下是朴民根青少年心理諮詢師提出的「學習熱忱指數測驗」。

各個項目中的回答「是的」為五分，「一般」為三分，「根本不是」為一分，如果難以判別是屬於哪個回答，可以勾選各階段的中間分數兩分跟四分，問卷由孩子作答，將各項分數加總確認結果吧！

孩子的學習熱忱指數測驗

孩子的學習熱忱在哪個程度？請翻到下頁，協助孩子按照他平時想的那樣來勾選。

測驗出來後，再接續測驗自家讀書環境的表格，可以大略知道孩子的學習熱忱指數、家中環境是否適合孩子讀書。底下我也會介紹如何打造適合孩子讀書的環境、如何提升孩子的學習熱忱，希望透過這樣的方式，讓各位父母能正確地找出孩子整體的學習狀況。

孩子的學習熱忱測驗表 表格請由孩子作答

	←不是這樣				總是這樣→
1.對學生而言，念書是非常重要的。	1	2	3	4	5
2.就算不被使喚去念書，也會自動讀書。	1	2	3	4	5
3.念書時有疑問的地方會追查到底。	1	2	3	4	5
4.覺得學到的內容大部分是有用的。	1	2	3	4	5
5.我很清楚自己擅長什麼、喜歡什麼。	1	2	3	4	5
6.要是不完成自己規劃的事，心裡會不好受。	1	2	3	4	5
7.唯有念書才會變聰明。	1	2	3	4	5
8.已經想好未來想從事的職業。	1	2	3	4	5
9.閱讀書本的時候總是很專注。	1	2	3	4	5
10.會製作專屬自己的學習計劃表。	1	2	3	4	5
11.建立學習計劃時會分配時間。	1	2	3	4	5
12.念書是為了把自己想做的事做好。	1	2	3	4	5
13.每學期要學什麼，會依照科目別制定目標。	1	2	3	4	5
14.我一定得用功讀書。	1	2	3	4	5
15.想實現某種目標，必須靠念書才能達成。	1	2	3	4	5

★結果

●**未滿50分**：學習熱忱低。
●**50～60分**：學習熱忱普通。
●**超過60分**：學習熱忱高。

替孩子打造適合的讀書環境

替孩子打造適當的讀書環境是很重要的，不僅有助於小學、國中時期，甚至對他一輩子自主學習都有幫助。仁川恩知小學的鄭尹浩教師曾說：「觀察就讀於教育高中或民族史觀高中的學生時，**發現他們從小就養成在自家書房裡預習、複習的習慣，小時候培養出在書房裡讀書的習慣，直到上大學也持續著。**看看那些即使讀書也毫無成效的孩子們，他們在家裡一定沒有看過書，也從沒整理過自己的書房或書桌吧？這時候父母扮演的角色很重要，就算是非常瑣碎的小事也行，察看自己孩子的成績以及狀況，為他打造可提升專注力的環境吧！」

各位看一下自家讀書環境吧！自家的環境對孩子念書適合嗎？孩子的書房環境如何，是否令他難以專心？請確認一下吧！以下是朴民根青少年心理諮詢師開發的「自家讀書環境確認表」，請在〇、×的位置勾選符合的項目。

自家讀書環境確認表

問卷請由父母作答，勾選該項目的〇、×。

	O	X
1.孩子會將房間跟書桌整理乾淨。	□	□
2.不太常發生因為遊戲或電視而念不下書的情況。	□	□
3.沒有因為使用手機跟電視而妨礙念書的事。	□	□
4.孩子可待在房間自習兩小時以上。	□	□
5.小孩跟父母之間很常對話。	□	□
6.家裡的環境對孩子念書不會造成阻礙。	□	□
7.孩子身旁會有學科的參考書。	□	□
8.家裡幾乎沒有干擾孩子的噪音。	□	□
9.家裡除了書房外，還有另外適合念書的場所。	□	□
10.全家人擁有想要替孩子學習打氣的意志。	□	□

★結果

●**7個以上的〇**：擁有良好的讀書環境。

●**6個以下的〇**：環境不適合小孩讀書，有必要改善家中環境。

要是測驗結果，出現六個以下的圈圈，非常有必要改變家中環境，那要怎麼改變比較好？想改善讀書環境，首先得掌握到孩子的性格，觀察一下孩子在哪種空間心理上會感到最舒適吧！根據性格不同，有的孩子偏好如咖啡廳般氛圍的室內空間，有的則不喜歡書桌背對門（感覺像某人會進房那樣，很難集中精神）。

在正式改善讀書環境之前，父母得先知道幾點注意事項，按照林瀚圭讀書環境顧問的建議，盡可能要將書桌置於遠離窗戶的位置，如果小孩還在念小學，書桌上不要放透明桌墊會比較好，相關注意事項列如底下。

適合小學生的讀書環境

●桌面上最好不要有透明桌墊

有很多情形是桌面上會放置一塊透明桌墊，而在它的下方放英文字母表、九九乘法表等東西，這樣會分散孩子的注意力，建議將學習教材黏貼於書桌以外能看到的牆上，並且週期性更換會更好。

●配合孩子的成長，替他調整書桌與椅子的高度

小學高年級時期的孩子們長得很快，父母要配合他的成長速度，準備可調整高度的書桌與椅子。

●可旋轉座椅容易成為孩子的玩具

為了糾正孩子的姿勢，有很多情況下，父母會替孩子購買具備護頸功能與支撐手臂的把手旋轉椅，其實沒必要替小孩購買這種昂貴的旋轉椅，因為雖然附有滾輪便於移動，但會分散孩子的注意力，站在孩子的立場來看，它很容易成為玩具，所以請替孩子購買固定式座椅吧！

●為他整理已經不看的書本

有很多家庭裡，從幼兒時期到小學低年級時期讀過的書本，直到孩子念高年級為止都還擺放著，現在就果斷地處理掉不看的書吧，現階段該念的書很有可能會被那些不念的書給遮住了。

適合所有學生的讀書環境

●請勿將書桌置於背對房門的位置

背對著房門放置書桌時，坐在椅子上的孩子，會產生像是感覺到某人會突然在自己背後開門進來的不安感，在這種情況下，理所當然地注意力會下降。

●最好把書桌放在遠離窗戶的位置

如果念書時窗戶在近處，會聽到各種聲音而導致集中力下降，還有孩子們易於受窗邊溫度與書桌溫度的影響，在春天與夏天因陽光照射而容易打瞌睡，在秋天與冬天因風吹而感覺到冷，讓注意力下降。

●請選擇簡單樸素的書桌

市面上有很多昂貴的機能性書桌，但是小孩不見得會使用那麼多功能，照著書桌原來的目的，只要能放置書本就很足夠，有桌面、一個抽屜、桌腳的書桌就行了，不僅價格低廉，還有助於提升小孩的專注力。

些許不舒適的環境會更好

觀察孩子的念書房間時，有一種情況是放置鬆軟的坐墊與抱枕、高級空氣清淨機等……父母為了讓孩子擁有舒適的環境，備齊了所有東西，不過這種房間反倒會對讀書造成妨礙，例如太舒適而打瞌睡等等，因此不用那麼講究去打造太舒適的環境。

父母這樣做，提升孩子學習熱忱

父母若想要提高孩子的學習熱忱，必須徹底了解最重要的是「父母的信賴」與「可以提高專注力的環境」。從孩子下定決心要念書起，「你為什麼不能乖乖地坐在書桌前？」要是開始這樣念他，在他還沒踏出第一步前，就會迷失念書的方向。

若是在客廳裡把電視開的很大聲，或是書房裡放置很多雜亂的東西，也會使孩子的專注力逐漸下降。即便是晚點才起步，若想慢慢地養成好的念書習慣，煩請各位秉持著對孩子的關愛，守護他且替他打造適當的讀書環境吧！

❶每天至少持續念書三十分鐘！

依據赫爾曼艾賓浩斯的遺忘曲線，人類只要學習後過了一個小時，就會忘掉學習內容的五十％，所以學習熱忱哪怕只有一點點，每天都要持續念才會提升，這時父母最好每天都提出能讓孩子感興趣，或是讓他愉快學習的挑戰課題。在學習心理學層面上也是如此，這方法是每天都讓大腦運轉，就能使學習力達到最佳成效。除此之外，也可以參照前面教的方法，替孩子在家中創造適合念書的環境吧！

❷這個周末一起去體驗學習吧！

近年來孩子們最大的問題就是沒有「夢想」，既然

Point

父母的教養魔法

過度的強求孩子念書反而會造成反效果，先清楚孩子的學習熱忱後，再更換適合孩子的家中環境，並且協助他制定自己主動念書的計劃吧！

沒有夢想當然也沒有目標，也就沒辦法找出念書的意義與價值。利用下課或周末時間，陪同小孩一起進行可以尋找夢想或培養夢想的體驗學習，抑或是未來志願學習吧！請好好觀察孩子有興趣的活動，並且多多鼓勵孩子參加。

❸下課後補習很累的話，以後不去也沒關係！

大部分的父母在孩子下課後還會將他們送到補習班，不僅複習已經學過的科目，還能預習學校還沒教的課程。但是這麼認真學習，為什麼孩子的成績還是原地踏步呢？這正是因為在缺乏賦予動機的情況下，試圖讓孩子勉強學習，反而降低了他們的學習熱忱。

念書念得好的祕訣，其實不在於學習時間的多寡，而是他們的學習慾望是否有被刺激，建議試著讓孩子自己制定讀書計劃並且達成它。父母要做的就是協助讓孩子順利達成計劃，可以按照不同科別，各建立不同的目標值。

PART 4

引導實戰篇，培養孩子讀書熱忱

解決1 與其採取強迫，不如用聰明教育法

近來父母們自告奮勇當起孩子的「經紀人」，洞察大學入學考試制度、迅速收集好補習班資訊，努力地想替孩子營造最棒的學習環境，但是反覆地嘮叨「去念書」逼他，或者強迫送他去補習班，這種方式是不會有太大幫助的。

特別是對敏感的青春期孩子們來說，叫他們去念書的父母都是「老人家」，即使是講同一句話，由爸媽來講更令他們覺得厭煩吧？養育敏感青春期的孩子，不可以用直接強迫的方式，而是要利用聰明教育方法讓他們養成念書習慣。

讀書之神傳授的念書好習慣

理查德．賴特教授曾研究美國哈佛大學生一千六百多名的學習方式，發現成績卓越的優等生們，都有幾個共通的讀書習慣。

❶ 養成每天固定時間念書的習慣

第一步就是「**每天在固定的時間內、在固定的地方，決定好學習的內容，並規律地實踐**」。在韓國被喻為「讀書之神」的姜聲泰，他負責的讀書之神網站（www.gongsin.com）中，也強調每天要養成固定念書的習慣。

小學、國中課業並不是要求高層次的思考方式，因此期中、期末考試的題目，只要反覆地念書通常就能輕鬆作答，所以只要每天養成複習學校學過的課業，就會確實地反應在成績上。

一天只要十五分鐘，在孩子放學回家換衣服之前，讓他先複習一下功課怎麼樣？一開始應該會生疏且不習慣，只要過了兩三週就會適應，持續十週的話，便會養成自動自發的讀書習慣。

❷不要制定未來志願，而是先訂下近期目標

為了實現夢想叫孩子用功念書，這只是父母的單方面想法，那些遙遠、觸碰不到的未來志願，對孩子來說實在太遙不可及，因此養成良好讀書習慣的關鍵，建議先訂下近期目標來達成會比較恰當。

父母必須協助孩子，讓他們能自行建立具體目標，以小學生、國中生來說，他們最需要的是對目標的認知，因為覺得念大學還很遙遠，因此很有可能浪費時間在玩樂上。成為高中生後，無論是喜歡或討厭，都會產生「進入大學」的明確目標，父母要建立能讓孩子安定下來的目標，雖然很希望能考上志願學校，但是儘管沒考上學校，念過的書也不容易忘記，有訂下明確的學習目標，就不用怕浪費了時間。

❸ 父母協助孩子找出適合的教材

要是遊戲太難，就沒辦法陷入有趣的遊戲世界，念書更不用說了。有些父母們想培養孩子的英文實力，於是讓他們閱讀艱澀難懂的英文雜誌，或是拿全校第一名解答的題目給他作答，難道這樣孩子的實力就會迅速提升嗎？

難度太高的話，孩子會失去念書的樂趣，或者也有可能失去自信，但若是難度太低，也會降低他的成就感。**建議衡量一下孩子的程度，以比他們的程度再稍微高一點難度的內容即可**，協助孩子設定適當的難易度來集中學習，這是父母該做的最重要的事。

哪怕只有一天也行，自行試著突破瓶頸吧

「媽，我辦得到嗎？」

「我好像已經來不及了……。」

假設在你面前有位陷入念書低潮的孩子，各位會怎麼做呢？沒頭沒腦地說「你辦得到！」同時給予他自信嗎？或是「不做也可以」這樣說著讓孩子選擇放棄嗎？都不是上述方式的話，難道是替孩子找好家教或補習班嗎？

「哪怕只有一天也行，自行試著突破瓶頸吧！」從現在起，為了讓孩子培養自行念書的習慣，試著逐一實踐上述的方法吧！這樣協助鼓勵他的話，孩子一定會有很大的變化。

Point

父母的教養魔法

讀書之神傳授的念書好習慣

1. 養成每天固定時間的念書習慣。
2. 不要制定未來志願，而是先訂下近期目標。
3. 父母協助孩子找出適合的教材。

解決2 魔法七句話，讓孩子自己愛上念書

各位正苦惱著能夠把孩子培養成不單單是取得好成績，還會自動自發念書，對念書樂在其中的辦法嗎？協助孩子念書最容易又簡便的方法，就是在適當的時機說出適當的話語，這句話會如同魔法般打動孩子的心，底下就傳授給各位，能讓孩子愛上念書的魔法七句話。

第一句：給予孩子選擇機會的話語

在強求孩子做某種行為前，要是詢問孩子的心意與意見，孩子就會自己意識到要當自主念書的人。

NG對話：「你還不寫功課嗎？」

⬅

OK對話：「你想幾點寫功課？」

第二句：給予說明機會的話語

孩子放學回到家後，與其問他學了什麼東西、還記得什麼東西，父母倒不如成為被孩子教導的對象，孩子透過向媽媽說明的機會，便能自行整理學過的內容，這樣擁有再次將上課內容深深烙印在腦海裡的效果。

NG對話：「今天學了什麼東西？」

⬅

OK對話：「把今天學到的也教我好嗎？」

第三句：鼓勵發問的話語

不要強求孩子要無條件認真聽老師的講課內容，父母要做的是鼓勵他，讓他有不懂的地方能夠主動「提問」，學習過程中最糟的是明明有不懂的地方，卻在不明瞭的情況下草草帶過。因此讓孩子自行察覺到問題並發問，勉勵他養成提問習慣是非常重要的。

NG對話：「要聽清楚老師教的內容。」

OK對話：「老師教的內容，若有不懂的一定要發問。」

第四句：引導主動回答的話語

比起詢問具體事宜的問題，讓他自行辨別重要與不重要，用邏輯說明的「開放式問題」會比較好。開放式問題能藉由孩子的口中，說出各式各樣的事情，除了兼具讓孩子能跟父母順利溝通的優點，還能給予孩子主動開口說話的機會。

NG對話：「念完今天上課的內容了嗎？」

OK對話：「今天學到的全新內容是什麼？」

第五句：開啟孩子心門的話語

在孩子備感困難與吃力的情況下，父母若使喚又斥責他的話，孩子就不再認為父母是適合商量的對象，要是反覆發生這種事情，他將會認為父母對自己根本就沒有任何的幫助。

NG對話：「之前你怎麼都不說？」

OK對話：「原來你這麼難受啊！謝謝你找我商量。」

第六句：讓孩子從過去失敗爬起的話語

跟孩子交談時，不自覺地講出過去失敗的事情，一直碎碎念或責罵他的話，這種情況孩子會感受到極大的挫折感跟厭煩。

「你每次都這樣講，我再也不跟你講了！」你的孩子是否也會這樣說，之後便轉身離去了？其實父母可以藉由過去失敗的事導入正面問題，激發他的學習動機喔！

NG對話：「你為什麼又失敗了？你真的沒救了！」

⬅

OK對話：「這件事情你學到或感受到什麼，跟我說看看？」

第七句：給予孩子與父母喘口氣的話語

在往返學校與補習班的忙碌生活中，疲憊不堪的孩子，最需要聽到安撫內心的話，如果孩子疲憊的心能夠感同身受，不只是心情能平靜下來，父母的內心也會感到如釋重負。

OK對話：「很累吧？辛苦你了。」請適時的給予孩子這個安慰的話語吧！

解決3 找出孩子的優點，並且善加利用

不管是喜歡讀書的孩子，還是討厭念書的孩子，抑或是念不念書都無所謂的任何人，應該都會有喜愛的事物，這有可能是吃的東西、有可能是旅行，以我來說則是看足球比賽。

若孩子們沉迷某事物所做的行為，這種行為把它用來「念書」該有多好呢？其實這是有辦法的，現在大部分的孩子都是沉迷「遊戲」居多，因此底下我用遊戲來舉例說明。

能持續投入熱衷的動力是「自尊心」

很多人都認為念書難、玩遊戲簡單，但根本不是這樣子，遊戲真的那麼簡單嗎？要是想玩好遊戲，需要學習很多東西，你必須常常在網路上搜尋遊戲攻略，每次我看到那一長串的攻略文章，不禁會想這是遊戲攻略還是論文呀？

孩子能夠快樂地玩這麼困難的遊戲，原因是什麼呢？其實他們會這麼投入到遊戲中，最大原因就是不想輸的自尊心。如果只是因為興趣，能讓他們就算遇到困難也支撐下去嗎？必須將感興趣的事結合自尊心，才能創造毅力出現強大的行動力。

舉例來說，有些現實中因為太喜歡玩遊戲，瘋狂迷上遊戲的職業玩家，卻因為無法承受接踵而來的激烈訓練，「再也不玩遊戲了」說完這句話就跑掉的情形不計其數。這些職業級玩家必須承受好幾年，每天幾乎十八小時以上的遊戲訓練，這已經超越「感興趣」的階段了，能支撐下去的就是「毅力」。

韓國職業級遊戲選手林遙煥、洪榛浩，每天都能做十幾個小時以上的遊戲訓練，讓他們撐下去的關鍵正是將遊戲與自尊心結合，因為不想輸所以持續努力，這樣造就了無法接受失敗的強韌毅力。

創造出孩子「勝利的記憶」

那要怎麼做才能將念書跟孩子的自尊心扯上關係呢？雖然孩子總是裝作毫不在意，但其實**每個人都想贏過別人、想呈現出比他人更優秀的模樣，自尊心正是刺激這種本性**，要把自尊心跟某種行為連接起來，就必須擁有「勝利的記憶」。

曾任巴西足球國家代表隊的教練鄧加，說過這樣一句話「唯有贏過他人的人，才能再次贏得比賽。」被稱為是巴西足球國家代表隊領袖的他，可是在這門運動領域中達到全球巔峰境界的人，他非常徹底地研究足球，甚至也說過以下的經典名句。

「長時間參加比賽或訓練，會面臨難以承受的壓力，例如種種辛苦的訓練及其他困難，要撐過上述狀況實在是太難了，因此十之八九都會選擇放棄，在這種情況下，只憑藉著意志力克服狀況是很勉強的。**要讓選手能夠支撐下去的是『勝利的記憶』，想像著勝利的美好與滿足感，利用這股毅力撐下去，相信就能贏得比賽。**」

勝利的記憶，是承受住艱苦事情的行動力之核心，它跟「自尊心」有直接關係。當孩子做了難易度較高的作業，儘管做錯也不要降低作業的難易度，為了能讓他持續完成，務必要替他加油打氣，然後孩子在某一刻完成時，像下述這樣讚美他即可。

「這是一般人辦不到的事，而你辦到了做得真棒！」

「對其他孩子來說，一天背一百個英文單字，也不是件簡單的事，而你卻辦到了，做得真好！」

「你之後也能做到這種程度，這是你的基本標準唷！」

在十一秒內跑完一百米不是件容易的事，但若時間限制在二十秒內跑完是很容易的，可是對跑步擁有強烈自尊心的人，並不會感覺到二十秒跑完有成就感。

人類會在難以達成的課題中感受到成就，各位持續出稍微困難的作業給孩子吧！孩子總有一天會達成目標，因為完成目標的快感而感受到念書的自尊心，那一天必定會到來的！

Point

父母的教養魔法

書念不好的孩子其實只是缺少了讀書的「自尊心」，只要用些方法讓他感受到讀書的成就感，才能創造出他對讀書的勝利記憶。透過這樣累積自尊心，便會自動自發想要努力念書。

解決4 「稱讚孩子的學習過程，而非專注於結果」

強調念書的義務性，只會衍生負效果！試著思考一下吧！愛喝酒的人，不知道酒對身體不好嗎？抽煙的人，不知道抽煙對身體健康的負面影響？暴飲暴食的人，不知道暴食的壞處嗎？

要努力讀書的原因，我相信孩子們一定都非常清楚了，若老是提到得念書的理由，只用「義務性」嘮叨他，會讓他產生這種否定自我的認知。

「我知道要用功念書，但我怎麼樣也不想讀書，我難道是懶惰又沒熱忱的人嗎？」使用錯誤的賦予動機方式，會讓孩子誤解，並抹殺他的自我與未來發展可能性。

找出打動孩子心裡的鑰匙，才能激發熱忱

要讓孩子自動自發完成一件事，父母到底該怎麼說才好呢？實現所有目的之基本溝通是「使用能夠深入對方現在心理的素材。」意思就是要**說出能打動他心裡的話，找到開啟內心大門的那把鑰匙，才能激發出行動力。**

舉例來說，別說「你這種成績未來能養活自己？幹麻不念書！」這種模糊不清的未來型意見，可以改說「你這次分數再掉下去的話，你喜歡的朋友XXX會把你看成不值得深交的人吧？」雖然這樣說有點卑鄙，但就效果而言，說這樣會更好。

總而言之，重要的是在現今這當下找出能夠滲透孩子心裡的素材來比喻，這能成為有效賦予動機的「方法」。

不要著重結果，讚美眼前努力的過程

這本書裡所教的方法，就是希望透過父母協助，讓孩子能夠找到自主念書的理由，抱持著熱忱坐在書桌前。但是千萬不要只著重於結果，否則會使深陷低潮的孩子崩潰，請多看一下孩子念書努力的過程來稱讚吧！這樣他縱使陷入低潮也能立即克服，並且繼續創造能夠無止盡努力的動機。

Point

父母的教養魔法

對孩子說「你做的很好！」像這樣讚美他念書的行為吧！請著重於孩子努力的過程，而不要太重視於努力的結果。

PART 5

考試實戰篇，立即運用於考試的技巧

對策1 讓孩子認清，自己有學習的本能

把「用功讀書」掛嘴邊碎念，這樣只會讓孩子對念書產生反感，但是長時間忍住不碎念，孩子卻不覺醒仍舊只喜歡玩樂，這時該怎麼管教他呢？在這種情況下，千萬不可以對他說出帶有「你沒出息」這種語氣的話，即使連一點也不行，要是這麼做，孩子會陷入像以下這樣的惡性循環。

沉迷玩樂是沒出息的行為。

↓

我做了沒出息的事情。

↓

所以我沒出息。

如果反覆發生好幾次這樣的情形（大部分的孩子會一直重覆去做），將會形成最糟糕的自我基本意識。

這個沒出息的行為跟我很配。

⬅

將這個沒出息的行為套用在自己身上，反正我就是這樣。

除此之外，很多父母也會對孩子說「再用功一點」這句話，請審視一下這句話所富含的意思吧！仔細咀嚼這句話時，好像有種「你現在並沒有認真念書」的意思。日本著名作家中谷彰宏，曾經在他的著作中勸導別對日本人說「甘巴爹」，原因在於甘巴爹（意思是加油，再努力一下）這句話，有可能會讓聽者認為，你說他「現在沒有認真努力這個意思」。

「啊……我現在已經竭盡全力了，你還要我多加把勁呀……」

倘若是對這樣想著的人說：「加油！」，自己的努力沒能獲得他人認同時，便會產生失望，反而會減少做該事情的動機吧？

「再加把勁，再努力一下！」這句會讓聽者認為：

「啊！原來我是不努力的壞小孩。」

「我是屬於不認真努力那一型的小孩啊！」

這世上有認真努力的人也有懶惰的人，甚至存在著叫他稍微念書就要抗爭的孩子，但其實父母覺得孩子不念書，看起來很懶散，事實上並非如此。若灌輸給孩子這種自我意識，就會招致意料之外的最糟結果，實際上我們沒能看到孩子努力的另一面，或許他正在跟不想念書的意願搏鬥也不一定。

調整孩子「想玩樂的」本能

「孩子怎麼樣也不肯認真努力，只喜歡玩樂，那麼難道就是看著他沉迷於遊戲世界，也放手不管嗎？」

應該會有像這樣反問的父母，其實我想說的是，不分青紅皂白地責備孩子、教訓他，會產生什麼樣的副作用。當然若孩子做了有問題的行為，是必須要責罵的，並非是完全不管他，否則他只會像個野獸般成長下去，而要將野獸階段進化成人類的話，適當的指責仍是有必要的。

我想各位都有減肥的經驗，每個人都想要擁有健康的身體、更棒的身材，這些都是我們清楚知道的目標，但是面對眼前擺著美味的食物，你還是忍不住而大口狂吃吧？若是叫大人們立即調整食量想必不容易，因此強求孩子們對他們說：「成為認真努力的人吧！」這樣做有效果嗎？

父母必須引導孩子走到正確的路，**假設孩子持續進行錯誤的行為模式，這時優先得做的是斷開這行為跟孩子自我意識之間的連結關係**，這樣做不僅不會觸犯孩子的自尊心，也不會把負面混亂加諸於自我意識上，還能糾正他的行為。

方法❶ 認同「想玩樂的心」，勿責罵孩子

首先要做的是告知孩子，無論是誰都會做沒出息的事，因為縱使是被稱為念書達人、努力之神的人，也會做出暫時性叛逆的行為，這個世界上不可能完全沒有「想叛逆的心」、「想玩樂的心」這種念頭的人。父母常犯的小失誤，就是總想著不管怎麼樣都要阻止孩子的叛逆，其實這本來就是不可能辦到的事，因為人都會犯一些小失誤，若一直阻止或責罵就會帶給孩子壓迫感，因而造成孩子和你唱反調。

曾畢業於首爾齒科大學有名的歌手兼演員，他上節目曾說過：「我也曾判逆過，因為有蹺過晚間的自習課。」或許很多人聽到，會覺得這算什麼？蹺課

這點小事稱得上是叛逆嗎？紛紛覺得他說的話很好笑。

這個例子是要讓大家知道，就算有學習程度上的差異，但不管是誰都會有想叛逆的時候，即使是念首爾齒科大學的超級精英也會有叛逆期。重要的不是孩子會不會叛逆，而是叛逆之後會用多快的時間回歸原位，並且會不會減少反覆做出相同叛逆舉動，這才是最重要的。

有鑑於此，孩子犯錯的當下，一定不能說出以下的話。

「喂，你這傢伙真沒出息。」——這句話千萬要禁止。

不可以像上述這樣說出抵觸到孩子自我意識的話，有句話說即使厭惡罪過，也不要討厭人。如果把這句話套用在教育上，便會得出以下結論。

1. 即使指責行為也不要責罵他人。

2. 歸咎於行為的錯誤，不要侮辱他人人格。

教育的最終目的，就是希望孩子本身具有良好的自我形象，父母將它引導至最正確的方向走下去的過程。

方法❷ 讓孩子意識到，感覺是起源於錯覺

指責孩子的舉動，必定很難不冒犯到孩子的自我認同，因此很容易讓他覺得自己就是沒出息、一無是處，這時必須讓他知道這種感覺，是他自己產生的錯覺。

1. 無論是誰，偶爾都會想偷懶摸魚。
2. 就算做出沒出息的舉動，並不表示你就是個沒出息的人。
3. 每個人都會有想玩樂、想偷懶的慾望，這不代表你沒出息，每個人都會這樣。
4. 儘管你一直想狂吃、狂玩，但仍不足以代表你是沒出息的人。

這裡提到的第三、四點很重要，沒辦法順利減肥控制食量的人、沉迷遊戲的人、無法控制玩樂之心的人，都是因為他們的內心深處，接納想吃想玩的本性是「自己的一部分」，所以他們才無法抵抗這些誘惑。他們認為想玩想吃是「我的本能、人類的天性」，以致無法抗拒且反倒被它控制了，我們必須中止這種錯誤的思考流向，請利用下述的方法吧！

「這絕對不是你的天性，這只是短暫性錯覺罷了。」

「沉迷於吃跟玩樂上，才是背叛你的天性。」

錯誤的感覺就是起源於錯覺，被催眠的人會誤認為大蒜是巧克力，吃得津津有味，我曾經在電視節目上看到，其實催眠後你的感覺就是個巨大的錯覺。孩子在網咖裡玩遊戲，即使他露出非常開心的表情，也絕對不能相信孩子

Point

父母的教養魔法

如同「電玩」帶來的瞬間有趣，它是來自於感覺與本能的錯覺，並非是真正的快樂。

真的很快樂，這只不過是掉入感覺式的催眠而已。

我們覺得很好吃的烤魷魚，西方人卻認為它很噁心，但是小時候被領養來東方國家的西方幼兒，現在卻能吃烤魷魚吃得很美味呢？

「感覺不是你的天性。」

「感覺是錯覺，只不過是反覆學習的成品。」

一旦把感覺誤認為本能、天性，就會很難逃脫感覺帶來的快樂，解開這個誤會才能成為引領孩子走向真正的自由、真正的快樂之教育王道。

對策2 孩子不讀書，要探究他的心理因素

如果孩子不喜歡念書，父母嘴裡碎念著「唉唷！你怎麼都不念書？」這樣說著的同時，卻沒想過要找出讓他不念書心理上的真正原因，這樣做是不正確的。一般來說，孩子不念書的理由有兩種。

「念書好麻煩。」

「念書要幹麻，不讀也行所以放棄好了。」

我們常聽到「討厭」這詞彙，其實更加正確的本質就是「不想做，不想承認自卑。」上述第二個情況比第一個還可怕，在察覺不到需求的情況下，只要

形成有需求的情況與自我意識就行了，但是在感到抗拒的狀態下，是難以尋求解答吧？

因為人類比起表面上的成果，更加執著於自我認同，與其參與名為念書的戰鬥，看到自己的自尊被打的體無完膚，倒不如放棄讀書，選擇抗拒讀書的那條路，這樣反而活得較輕鬆。

萬一這個抗拒在自我認同中根深蒂固，自那一瞬間起，便會發揮強大意志選擇不走那條路，然後偏向於跟引發抗拒的選項對立的「相反價值」，並且追隨它。

為孩子建立學習的「相反價值」

我十幾歲時在外語高中讀書，因為英文實力差，自認為受到差別待遇，因此只要想到英文，我就會煩躁，而且成績也不好，但是出乎意料之外，像國文

（語言領域）、社會、歷史等學科成績相當不錯，直到要考大學那時，英文與數學成績還是一樣無起色，但是其他科別的成績卻相當不錯，反而在心裡形成了學習的相反價值。

那時我想著，雖然英文不好、數學不好，不過在其他領域成績上多出點力，還是能進入一流大學吧？不知道是不是因為運氣好，我大學考試的那一年，英文跟數學等科目出題很簡單，但是其他科別卻出比較難，根本是為我設計的題型。

倘若那年考試，英文、數學很難的話，會變成怎麼樣呢？我一定會考很差的，因此「運氣也是實力，最終分數才能證明實力」但有的人認為，運氣不是實力，運氣終究只是運氣吧？當然運氣不代表結果的全部，可是實力也不能代表結果的所有，必須將這兩者摻雜在一起，才會為結果帶來影響。

提到相反價值，它正是這種東西，由於不會做某件事，因此受到無視或傷害的話，那更不會想著要把那件事做到好，反而是乾脆放棄做那件事，或是鑽研跟那件事相反的其他領域。**大部分不念書的孩子，不是因為他們懶惰不念書，而是將這種相反價值在念書以外的其他地方構築而成。**

如果孩子不喜歡某一學科，那就幫助他在其他學科上製造相反價值（例如：既然你討厭英文，那就念國文……等），至少看的到成績有起色。現在最大的問題是，孩子在念書以外的其他地方製造相反價值（例如：不喜歡念書，因此把時間花在手機遊戲上），這才是引起父母大發雷霆的主因。

調整孩子的念書觀念，讓他自動念書

假設有兩名孩子，你想讓他們關係變親近，但問題是他們兩人的關係相當惡劣，那該怎麼做才好？

不管三七二十一地，硬把他們兩人帶到同一場所，並且強求他們說：「你們倆關係可以變好一點嗎？」這樣做是全然無效果的，父母們請換位思考吧！

如果強迫你跟欺負你且煩人的上司，一起去長期出差，你們的關係有可能會變好嗎？這樣反而只會增添反感跟壓力吧？

要讓孩子能自動自發念書，就要調整孩子的念書觀念，第一個方向是先讓他進行肯定的自我確認，第二個方向是讓他對念書有正確的好觀念，可以照以下方式對話。

★方式1：讓孩子做肯定的自我確認

對話：「你玩遊戲的樣子，不如讀書模樣來的帥氣呢！」——讓他意識到這一點。

★方式2：替孩子調整念書的觀念

對話：「不一定要把書念得非常好，你只要毫無負擔樂在其中地去接近書本即可。」——為孩子減輕壓迫感。

孩子念書觀念的三大階段

❶處於白紙的狀態，還不知道對念書這方面處於喜歡不喜歡的情況——父母要把他塑造成能夠接納念書（包括運動、藝術等……）的人。

❷對念書這個行為稍有排斥感——拿起課本稍微念一下吧，你也不會讀的很差啊！父母要告訴孩子這個事實。

❸對念書具有強烈否定意識的孩子——父母可以參考以下方法：

正確地查明孩子討厭讀書的理由，然後告訴孩子，討厭念書的那個理由，不用把它想得那麼負面，請堅定告訴孩子，他是對那個理由產生誤解了。

Point

父母的教養魔法

孩子不念書原因在於「心理上的原因」，父母必須從旁協助調整孩子的觀念，他便會自動自發念書。

對策3 培養孩子多樣化說明的能力

拼死拼活地賺取補習費讓孩子去念書，他說已經都讀透徹了，但為什麼還是沒考出高分的好成績？到底他和成績優異的孩子相比，有什麼差異呢？關鍵就在於「解題能力」！

考試的題型非常多元，敘述的文字中，有拿同一個例子但用非常單調且一致性說明的方式，也有使用十個、二十個以上多種方式說明的題目，這些都是要學習的解題核心關鍵，僅只用補習班老師告知的表面又機械化的要領，對解題能力來說是非常有限。

多樣化說明能力可提升解題技巧

其實要養成孩子的解題能力非常簡單，**培養他對一件事情有「多樣化說明」的能力就行了，對單一的事情，詢問他各種問題吧！**某一事例，既可以這樣說明，又可以那樣說明，叫他試著這樣做就行了，回想蘇格拉底藉由對話讓他的學生領悟的過程即可。

假設這裡有一朵花，然後試著詢問孩子。

媽媽：「這朵花怎麼樣？」

孩子應該會回答它很漂亮、很香之類的答案吧！那麼，再叫他試著附加說明。

媽媽：「很漂亮嗎？它哪裡漂亮？」

透過這樣簡單的對話，來培養他對於某一事例進行追加說明的描述，這樣將有助於他的解題能力。

要求孩子對單一事情多做附帶說明

叫孩子做關於某一事例的各種嘗試、說明，引導他能夠用具體感覺去描述是非常重要的。

媽媽：「這朵花除了很漂亮之外，還有沒有其他特徵呢？」

某一事例可以這樣觀察、也可以那樣觀察；既可以這樣說明，也可以那樣說明。在跟孩子玩樂的期間，進行這種對話不會有任何困難。

這個最終稱為考題的東西，不就是要我們針對問題找出解答嗎？因此常跟孩子問問題吧！此處的問題指的是針對某一事例，要各位詢問孩子的各種看法。

例句分析的解答技巧

針對某一事例，具備這樣描述、又可以那樣描述的能力是非常重要的，重要性甚至能決定能否考上哪所大學呢！舉例來說，國文考試的題目類型，會考用法、作文、文法、非文學、文學，但這也只是形式上的分類而已，大部分題型會問：「這句話跟那句話一樣嗎？不一樣嗎？」這種刁鑽問題。

這種類型的真正本質是什麼？它的構造是先給一篇文章，然後再給跟下述一樣的問題與選項，例如：以下選項哪一句符合文章內容？不符合的是哪一句？

選項跟文章內容哪個選項是一樣的，哪個選項是不同的？必須找出正確答案，由於問題不能一直用相同的敘述，因此也就只有敘述方法不同，實際上問題類型只有一種。

文章就像我前述提及的例子「花」一樣，選擇就是關於花的各式各樣的說明，挑選出其中哪個不符合題意、哪個符合題意，就能答對題目。

想要輕鬆解答出這樣的題型，端看是有沒有擁有針對某一事例能做各種說明、表達的能力，因為這能力造成了答題的差異。這原理不會因為是英文題目而有所不同，只是差在文章是用中文還是英文敘述而已。

不要妨礙孩子天馬行空的想像力

在訓練孩子的回答能力時，請不要把孩子的觀念侷限住了。

媽媽：「這朵花怎麼樣？」

孩子：「很漂亮。」

媽媽：「很漂亮嗎？它哪裡漂亮？」

孩子：「花開的很帥氣很美。」

媽媽：「很帥嗎？帥氣跟漂亮是不一樣的啊！」

如同上述的句子，絕對不可以用這種回答，這句話把孩子的觀念侷限起來了。

帥氣跟漂亮怎麼會不一樣？它們沒有不一樣，有可能相同也有可能不同，還可以串連起來，也可以合而為一產生全新的東西。

事實上考試題目中，在整體脈絡性這方面，要怎麼判別「漂亮」跟「帥氣」的關聯？當出現這種題目，跟這種方式截然不同的兩個東西，孩子們沒有養成將它們串在一起的習慣的話就很容易出錯。這種類型的題目，只要摻雜一些困難的字彙出題，孩子就會選擇毫不相關的答案，最終取得低分。

Point

父母的教養魔法

向孩子詢問關於某一事例的各種問題吧，讓他能夠用各種層面加以說明，便能提升考試時的解題能力。

對策4 「讓解題變成推理遊戲，快速找出答案」

孩子解不出題目的原因有兩種：

第一：根本找不到答案。

第二：無法快速找到答案。

在這裡我針對第二個理由進行說明，這也是在孩子身旁看他而感到鬱悶的部分吧？沒能快速找到答案，父母會輕易認為孩子是不是頭腦笨才會這樣，但絕不是因為這樣，他只是沒有接受快速解題的訓練。

有一個簡單方法，能夠替孩子培養快速找到答案的能力，它就是解題時，不要灌輸給他「念書」這個意識，而是像下述這樣告知他。

「解題是一種抓犯人的推理遊戲。」

各位應該一頭霧水吧？究竟我想表達什麼？這只是單純為了讓孩子對讀書感興趣的比喻，雖然也有這種效果，但它不是重點所在，其實要用這種方式接觸題目，才能提升正確回答的技巧，「解題就跟抓犯人的推理遊戲一樣」開始進行這樣的說明，同時消除孩子解題的恐懼吧！

利用福爾摩斯的解題技巧答題

考試時很常出現這種題目「以下選項哪一句符合文章內容？不符合的是哪一句？」

英文也是一樣，其他死背科目的問題類型都沒有太大的不同，總而言之，在大學入學之前所接觸到的所有題目，大部分是這種類型，然後列出題目相關的幾個選項，在它們之中找出答案。若是把這種題型，用推理遊戲來比喻怎麼樣？

題目是針對文章各自表述的幾名嫌犯，要我們找出陳述跟文章無關對話的犯人，就這個觀點做解題，才能快速做完該做的事，找出正確答案。

找尋犯人時最需要的是什麼？就是證據吧？這個可適用於國文、英文、其他科目，但也沒必要完美地分析全部文章。那麼首先該做什麼事？挑選出選項中不是正確答案的選項，找出為挑選它所需的證據即可，就算很會分析文章，但是沒能辨識出證據，只會被打叉且答錯題目。

❶解題之前，叫孩子練習找尋「證據」

不管是國文還是英文，得憑藉這個觀點去念書並解題，這樣才能從題目中看出答案。觀看題型時，找出這個答案的證據是很重要的。

❷看穿題目中的犯人，是誰說假話

考題裡強調說：「它是A」。

↓五個選項中全都強調說：「自己是A。」

↓但是五個選項的其中之一，事實上它不是A而是B。

你是否發現解答考題，是不是就跟推理一樣呢？要辨別出誰說假話！

請回想一下記憶吧！福爾摩斯在找犯人時是怎麼做的？他是怎麼看穿說謊的人說的假話？他會先找到證據沒錯吧？因此無論是國文還是英文，找出答案就跟福爾摩斯的推理構造沒兩樣，用這種方式叫他念書，能使孩子感興趣，還能享受找尋正確解答的樂趣，更能讓他熟悉這感覺，屆時他不再是勉強努力，而是進入愛上念書的階段，**念書實際上就是「找到正解的技巧」**。

不過利用找出證據這方式來解題，這個要領還是

Point

父母的教養魔法

解答國文、英文等科目時，題型裡會出現幾個選項，只有一個是說謊的「犯人」，必須把他糾出來，要讓孩子意識到解題就跟篩選出這位犯人的「推理遊戲」一樣。

需要根本性的努力，它就是「快速篩選出證據的能力」，為了培養這種能力，也是有父母送孩子到類似速讀補習班的地方，但是快速閱讀並不代表能夠快速找到答案，福爾摩斯可以快速下結論是因為他的思考模式，並不是因為他的速讀能力，就算快速解題後，若答錯也沒什麼用處，因此重要的不是快速閱讀，而是快速找出有效的證據。

想要快速培養出找到正確答案的能力，最基本的就是了解該科目內容，除此之外再結合有趣輕鬆的方式，例如告訴孩子解答題目其實就和福爾摩斯辦案沒兩樣，都是要找出誰是說謊的兇手。憑藉著對科目的理解度，再用這種有趣的方式灌輸孩子，他便會覺得解答題目很有趣，自然而然對念書不會這麼反感，反而會很想趕快做測驗，若做錯了還會有求知慾找出為什麼做錯的原因（為什麼沒辦別出那個人是說謊的兇手）。

結語
「僅憑一句話，就能讓孩子充滿鬥志」

都快要考試了，書一頁都不翻，孩子只會玩手機……

這是各位孩子的樣子嗎？這種時候，父母該跟孩子說什麼？這分明是得念書的情況，孩子卻只會一昧地玩樂，就算教訓他也解決不了問題，雖說如此，插手不管也只會讓自己不安，這就是現實生活。

有時父母說出正確的一句話，就具有能讓孩子自動地坐在書桌前，產生讓他主動念書的巨大力量；反言之，若向孩子說出錯誤的一句負面話語，則會養成孩子的反抗心理，進而對念書產生抗拒。相信很多父母都想知道，若是想要使孩子對念書感興趣，該跟他說什麼樣的話呢？

我知道父母們都想培養孩子良好的念書習慣，這本書會告訴各位最有效的對話方法。雖然某些人說：「相信孩子別管他，他就會自己長大。」說著這種聽起來好像有這麼回事的一句話，但是如果真要追究這句話，那就代表世上所有孩子都不會叛逆，都會正直乖乖長大。

可是現實世界是怎麼樣的呢？這世上一定會有惹事生非、誤入歧途的孩子，你必須管教孩子，用正確的方式讓他有學習的動機。但也有多數父母不管他而讓孩子自毀前程，那些父母認為不管教孩子就是相信他，這是錯誤的觀念，說實在只是「放縱不理會」。

甚至有某些人說：「賦予孩子念書的動機吧！」說著這種人盡皆知的大道理，賦予動機當然很重要，這點就連三歲小孩子都知道，問題在於「要怎麼做？」越是關心孩子課業的父母，反而越會在這一點上犯失誤。本來打算要賦予孩子念書的動機，卻弄巧成拙讓僅存的熱忱被澆熄了，這是父母很容易且經常發生的失誤。

想要透過對話解決念書問題的父母，常用的辦法是「邏輯式說明」與「說服」，跟孩子說：「即使討厭也得解習題，這樣你才會變聰明。」附帶說：「常用電腦的話，視力會變差，之後想看到的東西也會看不到。」隱約想讓孩子感到不安，不過小孩子在認知上未成熟，全盤依賴父母，他才會很聽媽媽的話，可是到了智力成長且追求自主性的時期，這種方式反倒會對孩子有害。

「孩子自主讀書的力量」要是沒有父母的開導，是創造不出這種力量，開導指的不是干涉或指使，反而很多情況下，明明說要教導孩子，卻用錯誤的話消滅了孩子的潛在行動力。這本書裡有探討到為什麼會發生這種問題，相反地也努力告訴各位，哪些話能讓孩子自動自發念書，如何賦予孩子學習的熱忱。

幫助孩子主動念書的動機

「現在只想著玩，之後想成為什麼？」

「你這麼不專心，該怎麼辦才好？」

「這個怎麼會無法理解？你仔細想想！」

多數的父母對不念書、只會玩的孩子說了上述的話，然後轉過身來嘆口氣，內心這樣想著。

「我的孩子，不適合念書嗎？」

「會不會是他太沒熱忱了？」

「該不會是他的理解力很差吧？」

因為他沒讀書的熱忱嗎？熱忱、理解力究竟指的是什麼呢？其實真正的問題不在於孩子不念書，比它更大的問題在於輕率地懷疑孩子的能力與可能性，急忙下結論的父母。

有一件事實，養育孩子的父母得了解，那就是「這世上所有的孩子都想努力，他們的實力都想獲得他人的認同」。每個孩子都積極地想努力，他們擁有這樣的特質，只是被某種沉重的障礙物給壓制住，無法展現實力而已，父母們總是在不知不覺間，把這沉重的障礙物放在孩子的未來上面。

讓孩子用功念書需要找對方法，這樣可以發揮孩子隱藏的真正本能，並且帶給他更大喜悅及成就感，只是許多父母不清楚該怎麼做。現在你只要平心靜氣地閱讀這本書，並且照著書上說的一一實行吧！付諸行動的時候，要不自覺地修正曾經抑制住孩子想努力的心，改正這些錯誤對話方法，就不會讓孩子走上岔路，並替他導向正確的人生道路。

作者　崔璨薰

Orange Baby 08

父母都該學會的聰明嘮叨術

親子專家教父母正確溝通,讓孩子自動自發不唱反調

作者:崔璨薰

出版發行

橙實文化有限公司 CHENG SHI Publishing Co., Ltd
客服專線/(03)381-1618

作者	崔璨薰	
總編輯	于筱芬	CAROL YU, Editor-in-Chief
副總編輯	謝穎昇	EASON HSIEH, Deputy Editor-in-Chief
行銷主任	陳佳惠	IRIS CHEN, Marketing Manager

美術編輯	張哲榮
封面設計	亞樂設計
製版/印刷/裝訂	皇甫彩藝印刷股份有限公司

編輯中心

桃園市大園區領航北路四段382-5號2樓
2F., No.382-5, Sec. 4, Linghang N. Rd., Dayuan Dist., Taoyuan City 337, Taiwan (R.O.C.)
TEL/(886)3-381-1618　FAX/(886)3-381-1620
Mail:Orangestylish@gmail.com
粉絲團 https://www.facebook.com/OrangeStylish/

經銷商

聯合發行股份有限公司
ADD/新北市新店區寶橋路235巷6弄6號2樓
TEL/(886)2-2917-8022　FAX/(886)2-2915-8614
出版日期/2019年1月